Die Geheimnisse der Psychologie

Wie und warum zwischenmenschliche

Probleme entstehen

Die Geheimnisse der Psychologie

Wie und warum zwischenmenschliche Probleme entstehen

Peter Pfeifer

Impressum

Verlagsportal: Bookmundo

Gedruckt in Deutschland

Die Deutsche Nationalbibliothek verzeichnet diese Publikation in der Deutschen Nationalbibliografie

ISBN: 9789403649030

Inhaltsverzeichnis

Teil I

Teil II

Vorwort

Heute fast vergessen, gab es 1967 und 1968 mit Protesten gegen den Vietnamkrieg einen großen Umbruch in der westlichen Gesellschaft. Linke Studenten schmähten die "Kapitalisten".

Die Jugend wandte sich gegen die Alten und ihre Sexualmoral. Die Antibabypille wurde erfunden und in jeder Apotheke verkauft. Der Spruch "Make love, not war" ging um die Welt und in Deutschland hatten wir die "68er", die dieses Jahr unter 30 Jahre alt waren (traue keinem über 30).

Die Studenten lebten in Wohngemeinschaften und es gab Gemeinschaften, in denen dank der Pille nun freie Sexualität möglich und manchmal auch üblich war.

Allerdings gab es in diesen Gemeinschaften schon immer zwischenmenschlichen Stress. Es kamen Studenten aus verschiedenen sozialen Schichten zusammen, die auch unterschiedliche Vorstellungen von der Aufgabenverteilung in der Gemeinschaft hatten. Freier Sex führte auch zu Eifersucht und Konflikten.

In den 1970er Jahren wurde als Reaktion darauf die Psychologie verwendet, um diese zwischenmenschlichen Probleme zu lösen. In Deutschland gab es zahlreiche psychologische Encounter-Gruppen mit dem Ziel, über Probleme in der Gruppe sofort innerhalb der Gruppe zu sprechen.

Der Hintergrund kam aus der Psychoanalyse. Individuelle Probleme wurden mit Rollenspielen angegangen.

Mit diesen Mitteln war es möglich, Kindheitstraumata zu erkennen und in die früheste Kindheit zurückzugehen, um den Teilnehmern ihr Unbewusstes bewusst zu machen.

Meine wichtigste allgemeine Erkenntnis aus dieser Zeit war, dass sich die Menschen ihre eigene Umgebung schaffen.

Ein Paar glaubte, das Leben sei nur ein Kampf. Man muss um Ziele kämpfen und sonst nichts. Wie so oft kamen zwei Menschen mit ähnlichen Einstellungen zusammen.

Beide kämpfen miteinander und mit jedem und waren überzeugt, dass dies normal ist. Nachdem sie ihre Umgebung angegriffen hatten, erhielten sie selbst Angriffe. So bleibt die Neurose am Leben, und solche Probleme konnten in Encounter-Gruppen erkannt werden.

Ich war in ungefähr 100 Encounter Gruppen. Ich habe Psychodrama-Rollenspiel gemacht. Ich habe als Kind meine Mutter, meinen Vater und mich selbst gespielt. Ich fand die Ursache meiner Albträume als Kind, als mich ein Ungeheuer verfolgte. Ich stellte fest, dass dies meine geliebte Mutter war, die mich einmal verfolgt, verprügelt und in einen kleinen dunklen Raum gesperrt hatte, und ich war drei Jahre alt.

Mit Gestalt-Rollenspiel (Körperteile werden gespielt) kam ich zurück bis zur oralen Phase. Ich spielte meinen Magen und Schlösser darüber, die verhindern sollten alles zu spüren. Die Schlösser überwand ich schließlich und dann:

Es kamen keine Erinnerungen, ich fühlte mich, als wenn es in diesem Moment der Therapie passiert. Ich spürte den brüllenden Hunger in meinem Magen und schrie vor Hunger.

Und ich spürte vorher die Angst in meinen Schlössern, so weit in traumatische Situationen zurückzufallen; die Angst, das Schreckliche und Entsetzliche für mich als kleines Kind, noch einmal zu erleben.

Und ich habe verstanden, warum Menschen vor der Tiefentherapie zurückschrecken.

Später leitete ich selbst Encounter-Gruppen. In diesen Gruppen spielten wir Rollenspiele, beschäftigten uns mit uns selbst und unseren Gefühlen füreinander. Ich konnte jedes Gefühl für jeden in der Gruppe zu jedem Zeitpunkt ansprechen und ausleben.

Es war ein wunderbares Gefühl, mich mit mir eins zu fühlen, vereint mit mir selbst, vereint mit der Gruppe und voller Vertrauen in meine eigenen Gefühle, die zu jeder Zeit unkontrolliert waren, aber von allen akzeptiert wurden.

Ich habe gelernt, dass ungestörte Triebe in der Gruppe Akzeptanz finden. Offen für andere zu sein und ihnen zu helfen, aber auch eine gesunde Portion Egoismus zu haben, wurde akzeptiert.

Mehr noch, zu selbstloses Verhalten und Verhalten, das nur darauf ausgerichtet war, anderen zu helfen, wurde von der Gruppe sofort als unnatürlich erkannt.

Und ich stellte fest, dass gestörte Triebe – entweder unterdrückt oder übertrieben – zu Problemen mit anderen Menschen führen.

Heute ist alles anders. Die meisten jungen Leute sind ihrem Partner gegenüber sehr loyal, es gibt keinen freien Sex und es ist nicht üblich, über zwischenmenschliche Probleme oder Partnerprobleme zu sprechen.

Heutzutage ist ein solches Problem ziemlich peinlich und es ist nicht üblich, dass die betroffene Person oder andere darüber sprechen.

Leider verpassen die Beteiligten die Chance, ihre Lebensbedingungen zu verbessern. Menschen leiden an ihrem Problem und können es meist nicht lösen, da die Ursachen oft unbewusst sind.

Heute neigen viele dazu, dem Lustprinzip zu folgen, jeder macht das, was Spaß macht. Niemand wird gezwungen, und wer will sich schon mit unangenehmen Dingen wie den eigenen Problemen auseinandersetzen?

Da zwischenmenschliche Probleme mit grundlegenden menschlichen Trieben verbunden sind, sind nicht nur die Probleme, sondern häufig auch die grundlegenden Triebe und Wünsche kein Gesprächsthema.

Dieses Buch handelt nun von den (oftmals geheimen) Wünschen der Menschen und benutzt dafür als Werkzeug die Instrumente der Psychoanalyse.

Der Teil I

ist für alle, die sich für Psychologie interessieren.

Der Teil II

enthält neue Erkenntnisse für Psychologen und Gehirn-Wissenschaftler. Natürlich können das auch Interessierte lesen, es ist jedoch ´schwere Kost`.

Beim Lesen des Buches wirst du lieber Leser auf Stellen stoßen, die dich besonders ansprechen.

Vielleicht fallen dir dabei ähnliche Situationen ein, die dich bewegt haben oder die dich vielleicht sogar traurig gemacht haben.

Du kannst dann hier lesen, wie es zu solchen Extrem-Situationen kommt und wie zwischenmenschliche Probleme entstehen.

Teil I

1 Psychologie (k)ein Gesprächsthema

Wenn sich Menschen treffen, gibt es viele Gesprächsthemen. Die politische Lage, die neueste Mode, Ereignisse im Freundeskreis, wie die Geburt eines Kindes, eine teure Anschaffung, Neues oder auch Probleme mit dem Internet und vieles andere auch können Gesprächsthema sein.

Bei Berichten im Fernsehen, wo Probleme auf der ganzen Welt behandelt werden, geht es häufig um Katastrophen oder militärische Konflikte. Ein Thema, das alle Menschen betrifft, jeden von uns, den einen etwas mehr, den anderen etwas weniger, wird so gut wie nie angesprochen:

die Psychologie.

Im Fernsehen gibt es manchmal Tipps für kleine technische Probleme im Haushalt, erklärende Beiträge für Probleme, die auf der Welt existieren, jedoch nie erklärende Beiträge über psychologische Probleme und erst recht keine Tipps damit umzugehen.

Die Frage ist also: warum wird über Psychologie nicht gesprochen?

Psychologie ist laut Lexikon *die Lehre von der Seele*. Diese Wissenschaft spielt eine besondere Rolle für das Verständnis des menschlichen Zusammenlebens.

Überall dort, wo Menschen zusammenleben, prallen auch die Bedürfnisse der Menschen aufeinander. Es gibt Konflikte.

Stillschweigende Erwartungen, genauso wie lautstark vorgetragene Ansprüche, übergehende oder rücksichtslose Verhaltensweisen ebenso wie eine niedrige Frustrationstoleranz führen zu Konflikten, die oftmals den Beteiligten nur teilweise bewusst sind.

Darüber zu sprechen fällt den meisten Menschen schwer.

Psychologische Hilfe gibt es für Hilfesuchende in ähnlicher Form wie ein Arztbesuch. Üblich geworden ist die Verhaltenstherapie, die sich auf Phobien konzentriert und meistens nicht in die Tiefe geht und die Gesprächstherapie, die ebenfalls sehr an der Oberfläche bleibt.

Tiefer gehende Therapie-Methoden, wie die Psychoanalyse, die tiefenpsychologisch fundierte Psychotherapie und die systemische Therapie werden wenig genutzt.

Ein Gespräch im Freundeskreis darüber, wie bekommen wir unsere Probleme, die wir miteinander haben, besser in den Griff - undenkbar.

Auch das Vorstellen eines Problems eines Ehepaars im Freundeskreis ist anscheinend für alle Beteiligten eher peinlich. Entdecken Freunde des Ehepaars aggressive oder brüskierende Verhaltensweisen, wird das meistens stillschweigend übergangen. Niemand fragt nach den Ursachen.

Kein Wunder also, dass niemand über Psychologie und ihre grundlegenden Funktionen Bescheid weiß.

2 Wofür gibt es Gefühle?

Seit Urzeiten sollen sich Menschen gut fühlen bei Dingen, die ihrem Überleben dienen, und schlechte Gefühle haben bei Dingen, die ihr Überleben gefährden. Dafür sind die Triebe und Gefühle da.

Aktivitäten haben begleitende Gefühle. Dabei gibt es gute, neutrale und schlechte Gefühle.

Wenn wir Zuneigung empfinden, wenn wir Liebesbeweise bekommen, dann ist das ein gutes Gefühl.

Wenn wir Dinge organisieren und steuern, wenn wir unseren Einfluss spüren, den wir auf andere Menschen haben, dann ist das ein gutes Gefühl.

Wenn wir in Kontakt mit einem attraktiven Vertreter des anderen Geschlechts kommen, wenn wir spüren, wir haben Wirkung auf ihn, dann ist das ein gutes Gefühl.

Als Mitglieder einer sozialen Spezies sind wir hilfsbereit. Wenn wir jemandem einen Gefallen tun können, wenn wir jemandem irgendwie helfen können und dieser bedankt sich, weil die Hilfe so gut war, dann ist das ein gutes Gefühl.

Wenn wir nette neue Leute kennenlernen und mit ihnen einige gesprächige Momente verbracht haben, dann ist das ein gutes Gefühl.

Diese Gefühle sind wichtige Bestandteile in unserem Leben. Sie begleiten unsere Aktivitäten und den Zustand in dem wir uns gerade befinden.

Normalerweise macht sich niemand Gedanken darüber, wofür unsere Aktivitäten gut sind. Bei genauer Betrachtung stellt man aber fest, dass in der Regel alle Aktivitäten einem (Trieb-) Ziel oder der Vermeidung von Nachteilen in Bezug auf Triebziele dienen.

Wir fühlen uns gut, wenn Trieb-Ziele erreicht werden und wir fühlen uns schlecht, wenn nicht.

Diese Gefühle waren und sind für Menschen (und Tiere) wichtig seit Millionen von Jahren.

Diese Gefühle haben uns angetrieben in einer feindlichen Umwelt als Gemeinschaft zu überleben und sie sind fest in uns verankert. Alles was uns antreibt, (daher der Name Trieb) dient letztlich dazu, unser Überleben zu sichern.

Anders als heute war das Überleben des Einzelnen zu Urzeiten, nicht von einem Sozialstaat abhängig, sondern davon, in einer sozialen Gemeinschaft eingebettet zu sein, die einen unterstützte, wenn es ums Überleben ging.

Zum Beispiel, wer von seiner Gemeinschaft verstoßen wurde, war häufig zum Tode verurteilt. Noch heute empfinden wir es als schrecklich, von wichtigen Bezugspersonen verstoßen zu werden oder gar von der ganzen Familie.

An diesem Beispiel kann man sehen, dass uns heute noch archaische Triebe sehr stark beeinflussen, obwohl in unserem heutigen Sozialstaat ein Verhungern nicht mehr befürchtet werden muss.

Man stelle sich vor, was passieren würde, wenn das Bedürfnis nach Partnerschaft und sexueller Lust nicht vorhanden wäre, es gebe keine Kinder mehr und wir wären längst ausgestorben.

Genau genommen ist Sexualität eine mühsame Anstrengung, ebenso wie die Suche nach einem Partner. Die Lustgefühle, die wir dabei im Erfolgsfalle empfinden, sind jedoch die Belohnung, die uns alle Mühen vergessen lässt.

Das Erreichen von Triebzielen ist das, was uns Befriedigung, gute Gefühle oder auch ekstatische Lustgefühle verschaffen kann.

Das Anstreben dieser Triebziele, für die es jeweils bestimmte Mittel gibt, die wir einsetzen können, ist uns angeboren.

Leider kommt es vor, dass durch eine ungünstige persönliche Entwicklung einzelne Triebziele blockiert werden können und dann die betreffende Situation nicht als angenehm empfunden wird.

Zum Beispiel nach schweren Enttäuschungen mit der Liebe entsteht kein Gefühl der liebevollen Zuneigung mehr, weil entsprechende Situationen aus Angst vor weiteren Enttäuschungen vermieden werden.

Oder auf Grund von Stress und Überlastung kann man keinen Spaß mehr am Organisieren empfinden.

Solche Beispiele beweisen nicht das Gegenteil, sie lassen aber ahnen, dass es auf dem Weg zum Erreichen seiner Triebziele etliche Probleme geben kann.

3 Angenehme und unangenehme Gefühle

Mit Worten können Handlungen, Eigenschaften, Zustände und auch Unterlassungen des Menschen beschrieben werden. Es ist möglich, beim Lesen solcher Worte, wenn man sich das Jeweilige vorstellt, die begleitenden Gefühle zu spüren.

Natürlich sind die begleitenden Gefühle stärker, wenn man die jeweilige Handlung ausführt, die entsprechenden Einstellungen und Eigenschaften selbst hat, die geschilderten Zustände am eigenen Leib verspürt.

Jedoch wer sich diesen geschriebenen Worten hingibt, wer sich dabei einen Moment vorstellt, das wäre er, den das betrifft, der verspürt das jeweilige begleitende Gefühl.

Umgekehrt, wenn jemand bei bestimmten Worten nichts empfindet, wenn er nicht berührt wird, dann kann es einmal sein, dass die betreffende Beschreibung für ihn vollkommen neutral und harmlos ist oder aber so problembehaftet ist, dass er sie sich nicht vorstellen will und auch das begleitende Gefühl nicht empfinden kann.

Daher achte beim Lesen der nachfolgenden Wortlisten besonders auf deine Gefühle. Klingt da etwas in dir an? Jedes Wort berührt kurz deine Vorstellungskraft und aus deinem Gedächtnis und aus deiner Gefühlswelt wird ein emotionaler Trend hinzugefügt.

Dieser Trend besagt, ob es ein gutes oder ein schlechtes Gefühl ist, ob du dich hingezogen oder abgestoßen fühlst, ob es dich erfreut oder traurig macht. Wenn du es langsam liest und offen, dann wirst du es spüren!

Mach nach jedem einzelnen Wort eine Pause und lass es auf dich wirken. Erinnere dich, wo du eine solche Situation bei dir selbst erlebt oder bei anderen gesehen hast.

Wenn du jetzt nicht genug Zeit und Muße hast, dann lese diese Wortlisten erst später, wenn du reichlich Zeit hast.

1) Ruhig, Sicherheit gebend, bindungsfähig, liebevoll.

2) Fähig abzuwarten, respektiert, durchsetzungsfähig, kompromissfähig.

3) Bereit, selbstbewusst, initiativ, mitreißend.

4) Leistungsbereit, klug, fähig, hilfsbereit.

5) Offen, eindeutig, interessiert, kontaktfähig

1) Vertrauenerweckend, süß, liebenswert.

2) Einflussreich, mächtig, wertvoll.

3) Attraktiv, erotisch, charmant.

4) Gebildet, weise, anerkannt.

5) Sympathisch, beliebt, berühmt.

-1) Jemand fallen lassen, Abstand halten, sich distanzieren, Liebe entziehen.

-2) Jemand übergehen, jemand dominieren, kompromisslos sein.

-3) Verachten, verurteilen, kalt bleiben.

-4) Jemand für unfähig halten, jemandes Leistungsfähigkeit anzweifeln, jemand kritisieren.

-5) Jemand ignorieren, jemand übergehen, jemand enttäuschen.

+1) sich an jemanden klammern, sich beklagen, schlechtes Gewissen machen.

+2) Trotzen, revoltieren, sich an nichts halten.

+3) Zerstören, intrigieren, schlagen, schikanieren.

+4) Sich überschätzen, jede Herausforderung annehmen, übertreiben.

+5) Sich übermäßig wichtig nehmen, hochstapeln, Lügengeschichten erzählen, sich zum Clown machen.

Wenn du bei einer Zeile stärkere Gefühle bei dir bemerkst, als bei den anderen Zeilen eines Blocks, merke dir die davorstehende Zahl und das Vorzeichen.

Die Bedeutung dieser Zahlen werden im Buch näher erklärt und du kannst speziell diese Stellen im Buch beachten, die dich wahrscheinlich betreffen werden.

4 Die Grundlagen der Psychologie

In der Psychologie geht es um Bedürfnisse. Das Bedürfnis nach Liebe und Nähe, das Bedürfnis sich durchzusetzen, dass Bedürfnis einen Streit zu gewinnen, dass Bedürfnis für seine Leistungen anerkannt zu werden, dass Bedürfnis beachtet und gewürdigt zu werden.

Diese Bedürfnisse kommen in vielfältigen Kombinationen vor. Zum Beispiel kann ich als starker Mensch mich mit Aggressionen durchsetzen. Das Ziel ist etwas durchzusetzen, die Verwirklichung meines Willens. Das Mittel dazu: die Aggression. Als schwacher Mensch kann ich mich auch mit verletztem Zurückziehen durchsetzen. Das gleiche Ziel, aber ein anderes Mittel.

Eine Schlüsseleinheit der Psychologie ist die Intensität mit der ein Triebbedürfnis an andere Menschen herangetragen wird. Dieses Betreiben eines Triebziel kann stark, mittel, schwach oder vollkommen verkümmert sein. Die folgenden Grafiken sollen das verdeutlichen.

Fig 1. Beispiel der Intensitäten eines aggressiv vorgetragenen Bedürfnisses

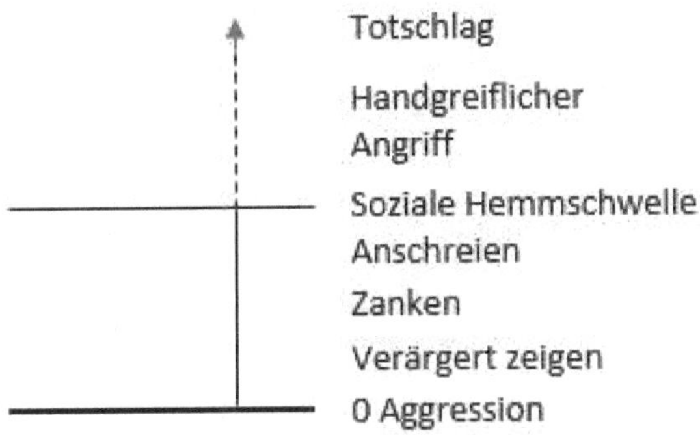

Es gibt aggressionsgehemmte Menschen, bei denen in ihrer Kindheit jegliche Aggression unterdrückt wurde. Hier kommt nun eine weitere Schlüsselfunktion der Psychologie zum Zuge: unterdrückte Triebbedürfnisse stauen sich auf.

Bei immer wiederkehrenden Ärger auslösenden Situationen kann sich das aufstauen, wie hinter einem Staudamm. Wenn der Staudamm dann bricht, kann es zu schwerer Aggression kommen, die den ganzen alten Ärger mit herausbringt. Solchen Menschen fehlt dann das mittlere Maß, die leichte, die schwache Aggression.

Fig 2. Beispiel einer gehemmten Aggression mit Durchbruch

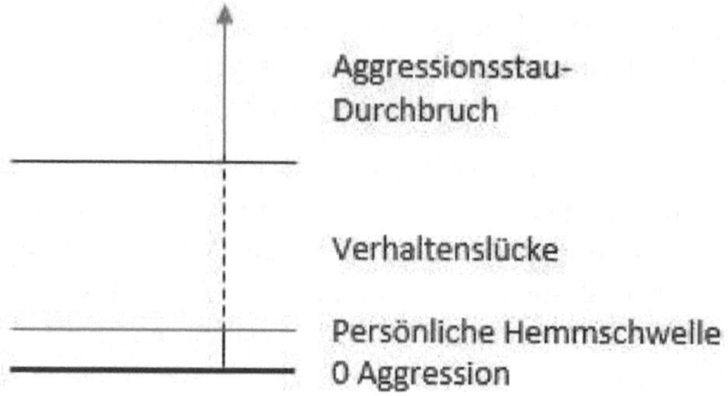

Aggressive Menschen werden häufig als böse oder bösartig angesehen. Sie können jedoch nichts dafür. Gerade weil sie ihre Aggressionen unterdrücken, wird der Ausbruch umso schlimmer.

Oft kommt es vor, dass der Aggressive sich hinterher entschuldigt. Manche nehmen sich vor, nicht mehr aggressiv zu werden, umso schlimmer wird der nächste Ausbruch. Dass es gerade darauf ankommt, frühzeitig und nur leicht aggressiv zu werden, ist den wenigsten klar.

Allerdings ist es nicht gerade leicht, von einem schweren Triebstau auf eine leichte angemessene Art der Auslebung herunter zu kommen. Das benötigt zumeist intensive Therapie.

Eine weitere grundsätzliche Frage ist die nach der Ursache für die Aggression. Es gibt eine Frustration, eine Verletzung, die umso schlimmer ist, wenn die Frustrationsschwelle niedrig ist.

Eine Frustrationsschwelle ist dann niedrig, wenn Vorerfahrungen vorliegen, Situationen in der Kindheit, die äußerst schmerzhaft waren und nicht verarbeitet worden sind.

Was das sein könnte, wird in späteren Kapiteln noch genauer beschrieben.

Im Prinzip gilt das bisher Gesagte für alle Trieb-Bedürfnisse, nicht nur für die aggressive Triebrichtung. Alle Trieb-Richtungen können gehemmt, unterdrückt und aufgestaut sein. Es ist einleuchtend das Basis-Triebe, die ja generell überlebenswichtig für Menschen sind, auf ihre Befriedigung drängen.

Bei normalen gesunden und ungestörten Menschen bekommt jeder Hunger, wenn er lange nichts isst. Er wird extrem müde, wenn er lange nicht schläft, er wird unzufrieden, wenn er sich lange nicht verwirklichen kann, er wird unglücklich, wenn er lange nicht geliebt wird, er wird unausgefüllt, wenn er lange keine Aufgabe hat, die ihn zufrieden stellt. Er langweilt sich, wenn es lange Zeit nichts Interessantes/Neues gibt.

Es gibt immer auch einzelne Menschen, die meinen sie brauchen „das“ nicht. „Das“ kann jede Form von Triebbefriedigung sein, mit der der Betreffende, schlechte Erfahrungen gemacht hat. Es ist dann einfach zu behaupten, dass man „das“ nicht braucht.

Eine übersteigerte Auslebung eines Triebbedürfnisses ist das Gegenteil zum gehemmten Triebbedürfnis.

Wenn ein Mensch in seiner Kindheit die Erfahrung macht, dass er mit seinen Bedürfnissen nur mit aller Kraft, mit vollem Einsatz zum Ziel kommt, aber nicht mit normalen, mittleren Mitteln, dann fixiert er sich dauerhaft auf den extremen Einsatz.

Fig 3. Beispiel eines übersteigerten Verhaltens

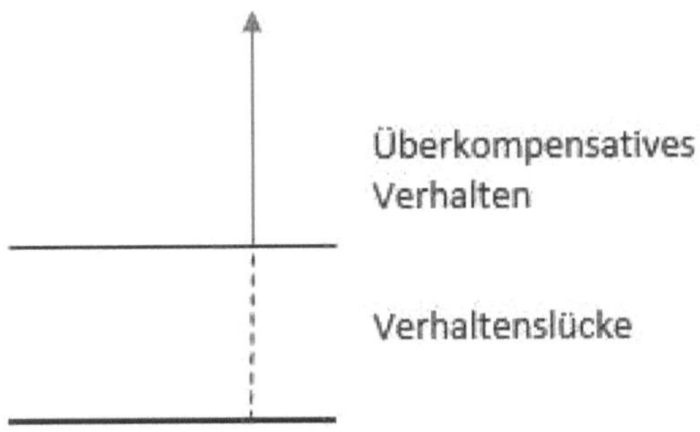

Er hat die Erfahrung gemacht, dass normaler, mittlerer Einsatz nie zum Ziel führt. Dieses übersteigerte Verhalten schießt über das Ziel hinaus, und wenn es mit anderen Menschen zu tun hat, was meistens der Fall ist, brüskiert er diese.

Dieses Verhalten wirkt übertrieben oder rabiat, im Extremfall abstoßend. Es wirkt so, als wenn der betreffende auf extreme Weise seine Ziele verfolgt.

Da der Betreffende in einem solchen Moment sich unbewusst in einer für ihn schlimm gewesenen Situation seiner Kindheit befindet, nimmt er sein Gegenüber, in diesem Moment nicht richtig wahr und er verliert den Überblick dafür, was er gerade mit dem anderen macht.

Wie es dazu kommt, dass der Übersteigernde sein Problem verdrängt, wird noch in einem späteren Kapitel behandelt.

Zusammengefasst: die Menge, die Stärke eines Triebeinsatzes mit der ein Mensch auf andere einwirkt ist ein grundlegender Faktor der Psychologie. Eine Trieb-Auslebung kann normal, angemessen oder übersteigert, aber auch gehemmt sein.

Da ein Basistrieb, der ja eigentlich seit Urzeiten überlebenswichtig ist, nicht auf einfache Weise nur weggedrückt werden kann, ergeben sich daraus die verschiedensten psychologischen Probleme.

Im engen Zusammenleben von Menschen, wo unterschiedliche Interessen aufeinander stoßen und (Trieb-) Bedürfnisse jeweils an den anderen gerichtet werden, führt jede Art von Extremverhalten, sei es übersteigertes oder gehemmtes, unweigerlich zu Problemen. Darüber Bescheid zu wissen, was da abläuft:

das sind *die Geheimnisse der Psychologie*.

5 Die Basistriebe (Grundbedürfnisse) des Menschen

Die Basistriebe entwickeln sich schrittweise in der Kindheit. Es entwickeln sich fünf Basistriebe in vier Kindheitsphasen. Seit Freud kennt man die orale-, anale-, und die kindlich-genitale Phase. Später kam noch die urethrale- bzw. Leistungsphase hinzu.

In der oralen Phase ist der Mensch ein Säugling. Er kann weder laufen noch sprechen. Er kann im Wesentlichen nur schreien und saugen. In dieser hilflosen Situation verbleibt ihm nach dem Schreien bei Hunger nur ein Triebmittel: Das Warten.

Wenn die Mutter nicht kommt, wenn die Befriedigung nicht stattfindet, dann kann das Warten schrecklich werden. In früherer Erziehung galt es damals als normal, Kinder schreien zu lassen, das kräftigt die Lungen.

Viele ältere Erwachsene hassen es, irgendwo warten zu müssen. Warten ist heteronom, d. h. abhängig von einem anderen, der letztlich bestimmt, wann das Warten zu Ende ist. Man kann den Wartenden ansehen, wie sie unruhig werden, von einem Fuß auf den anderen treten. Das ist das Bestreben, sich von dem unangenehmen Gefühl abzulenken.

Es gibt Menschen, die sind besonders pünktlich, um dem Anderen das unangenehme Warten zu ersparen.

Dies ist ein gutes Beispiel, wie sehr sich Kindheitserlebnisse noch im Erwachsenenalter auswirken. Obwohl das lange zurückliegt und sich niemand an seine orale Phase erinnern kann, wirkt sich das Erlebte immer noch aus.

Ein Säugling ist also *heteronom* (vom anderen abhängig) und *konzentrisch* (auf sich und seinen Hunger konzentriert).

Er ist extrem verletzlich, einmal gegen körperliche Gewalt, aber auch gegen Grausamkeit, die passiv vorgetragen wird, wie das Ignorieren seines Schreiens.

Wenn ein Säugling zuverlässig versorgt wird, so bildet sich ein Ur-Vertrauen in ihm [1]. Dieses Vertrauen, ebenso wie bei schlechter Versorgung ein Misstrauen, kann den Betreffenden ein Leben lang im Kontakt mit anderen Menschen begleiten.

In der analen Phase geht es um die Bildung eines Willens. Wenn das Kleinkind etwas will, was es nicht darf oder etwas tun soll, was es nicht will, dann treffen der Wille des Erziehers und des Kindes aufeinander.

Das ist jetzt möglich, weil das Kind mit etwa zwei Jahren anfängt einen eigenen Willen zu entwickeln. [2]

Da die Erwachsenen im Normalfall die stärkeren sind und die Kinder die schwächeren, so führt das häufig dazu, dass der Wille des Kindes nicht oft genug zum Zuge kommt.

'Nicht oft genug' ist sicherlich ein umkämpfter Begriff. Eltern haben dabei eine ganz andere Vorstellung als die Kinder.

Entscheidend ist aber auch die schiere Anzahl. Wenn von zehn Wünschen eines Kindes neun abgelehnt werden, dann entsteht beim Kind ein Mangel an: seinen Willen verwirklichen zu können.

Das kann dazu führen, dass später in der Partnerschaft beide Partner das Gefühl haben, immer zurückstecken zu müssen. Dabei geht dieses Empfinden auf die Erlebnisse in der analen Phase zurück. Häufig stimmt es nicht mit der gegenwärtigen Realität über ein.

Eine wichtige Variation ist das folgende Szenario: Ein Kind kann sich unter Einsatz aller Mittel und mit aller Kraft durchsetzen, jedoch nur dann, so bleibt dieses Verhalten übersteigert fixiert.

Die Vorstellung ist, wenn ich es nicht mit aller Kraft tue, dann werde ich unterdrückt. Der Wille sich durchzusetzen ist autonom (selbstbestimmt) und konzentrisch (innerhalb meines Einfluss-Bereiches).

Erwachsene, die in ihrer Kindheit oft auf ihren Willen verzichten mussten, haben meist eine niedrige Frustrationsschwelle, wenn sie viele Anweisungen bekommen bzw. selbst nichts zu sagen haben.

Die kindlich genitale Phase beginnt mit etwa drei Jahren. Sie umfasst diverse autonome (selbstbestimmte) und exzentrische (nach außen und auf andere Menschen hin gerichtete) Aktivitäten. Dazu gehören sich bewegen, rennen, schneller rennen als andere, Konkurrenzkampf.

Wenn (siehe Freud) der Sohn am liebsten die Mutter und die Tochter am liebsten den Vater später einmal heiraten möchte, dann ist das die genitale Phase. Dabei kann eine extreme Rivalität entstehen.

Rivalität zwischen den Geschwistern um die Erringung der Liebe der Mutter oder des Vaters. Es kann sogar eine Rivalität zwischen dem Sohn und dem Vater um die Mutter oder zwischen der Tochter und der Mutter um den Vater entstehen.

Diese Rivalität entsteht vor allem dann, wenn ein Kind zu wenig Zuneigung bekommt und den Eindruck hat ein Rivale bekommt mehr. Es entsteht dann Aggression, die gegen den Rivalen gerichtet ist, obwohl der häufig nichts dafürkann.

Das ist typischerweise das jüngste Kind, das mehr Zuwendung bekommt oder fatalerweise ein bevorzugtes Kind, das einem anderen vorgezogen wird.

Eine solche Erfahrung, ich werde benachteiligt und die entsprechende eigene aggressive Reaktion darauf, kann sich als Extremverhalten beim Erwachsenen fixieren.

Die Folge ist auch eine niedrige Frustrationsschwelle in Bezug auf Benachteiligungen.

In der urethralen Phase geht es um Leistung. Das Erfüllen von Wünschen der Eltern, kleine Handreichungen für die Eltern und Leistung in der Schule.

Diese Verhaltensweisen sind heteronom (von anderen gesteuert) und exzentrisch (im Bereich der Anderen) ausgeführt. Wie weit die Eltern hier nur ein angemessenes Maß an Anforderungen stellen und auch nicht mit Lob geizen ist wieder entscheidend für ein ganzes Leben, um später mit Leistungsanforderungen im Beruf klarzukommen.

Später im Leben kann sonst entweder eine inadäquate Annahme einer jeden Leistungsanforderung oder ein aus dem Weg gehen jeder Leistungsanforderung die Folge sein.

In der oralen Phase beginnt zusätzlich die Herausbildung der intentionalen Triebrichtung. Wenn der Säugling die ersten Hautsensationen erlebt, die warme Brust der Mutter und schließlich die Milchquelle findet, dann findet er sein Glück. Dieser Hautkontakt weckt die erste Aufmerksamkeit und führt zur Suche nach der Milchquelle.

In der intentionalen Triebrichtung geht es ganz allgemein um Aufmerksamkeit und das Interesse an Neuem, Ungewohntem. Beim Erwachsenen nennt man es Neugier.

Diese Triebrichtung ist *heteronom* (abhängig von der Umwelt, die etwas Interessantes präsentiert) und *exzentrisch* (nach außen hin orientiert). Diese Triebrichtung ist verwandt mit der urethralen Phase, die ja ebenfalls heteronom exzentrisch ist.

In der intentionalen Triebrichtung können neue Dinge nicht nur Interesse, sondern auch Absichten hervorrufen. Die Absicht = Intention gibt der Triebrichtung ihren Namen [3].

Wenn neue Dinge Hoffnungen wecken oder Erwartungsspannungen entstehen, so ist es für manche Menschen auch anstrengend.

Die Hoffnungen oder Erwartungen können enttäuscht werden. Dieser Zustand der Ungewissheit hält eine Weile an, bis sich klärt, ob man Glück hat und etwas Gutes findet. Manche Menschen flüchten vor dieser Ungewissheit und gehen ihr aus dem Weg, wenn sie in der Kindheit entsprechend schlechte Erfahrungen gemacht haben.

Wenn diese Kette: etwas Neues sehen, Interesse entwickeln, eine Absicht dazu entwickeln, durch schlechte Erfahrung in der Kindheit nicht zu Ende geführt wird, entsteht ein interesseloser Mensch, der Neuem aus dem Weg geht.

Umgekehrt kann auch eine Sucht entstehen, wenn ein Mensch ständig sein Glück erproben will, wie etwa beim Glücksspiel, in der irren Hoffnung, endlich den großen Gewinn zu machen.

Wie man soweit sieht, kann in jeder Lebensphase etwas schief gehen. Die Prägung, die jeder Mensch in seiner Kindheit erhält, kann das ganze Leben anhalten.

Extreme Verhaltensweisen können meist nur durch Psychotherapie oder durch Kontakt mit Menschen, die stabil und nicht extrem eingestellt sind, abgebaut werden.

Leider ist es häufig anders herum, zwei Menschen mit ähnlichem Extremverhalten finden sich in einer Partnerschaft. Sie bestärken sich gegenseitig in ihrem Extrem und fixieren sich dann umso mehr.

Die Basistrieb-Bereiche sind also:

1. Bedürfnis nach Nähe und Liebe.
2. Bedürfnis danach, über seine eigenen Dinge bestimmen zu können.
3. Bedürfnis danach, auf aktive Weise seine Ziele anzustreben/ für sie zu kämpfen.
4. Bedürfnis danach, für seine Leistungen Anerkennung zu bekommen.
5. Bedürfnis danach, Beachtung und Aufmerksamkeit zu bekommen.

Die vorstehend benutzten Zahlen Nummer 1 bis 5 bezeichnen die fünf Basistriebe. Diese Zahlen werden nachstehend immer wieder benutzt und jede Zahl bezieht sich immer wieder auf den jeweiligen Basistrieb. (Z. B. Basistrieb Nummer 1 = Liebe und Nähe)

Leider kann jeder Mensch in jeder Kindheitsphase etwas mitbekommen, das zu Extremverhalten führt.

Aufgrund von Problemen, die der Vater oder die Mutter mit sich herumtrugen, kann zum Beispiel eines oder gar mehrere der obigen Basistriebe in der Kindheit eines Menschen unterdrückt (gehemmt) werden.

Dazu muss man wissen, dass, wie in Kapitel 4 beschrieben, ein unterdrückter Basistrieb nicht verschwunden ist.

Er kann nur durch eine ständige Abwehr des Betreffenden gegen sich selbst unterdrückt werden.

Der Betreffende selbst muss permanent den betreffenden Basistrieb bei sich unterdrücken, damit er nach außen nicht in Erscheinung tritt. So etwas nennt man einen seelischen Konflikt, den jemand mit sich herumträgt.

Das Gegenteil zu einem gehemmten Trieb ist der übersteigerte Einsatz für einen Trieb.

Ein Mensch mit einer solchen Übersteigerung im autonomen Bereich, zum Beispiel: sich immer durchsetzen und bestimmen oder immer aggressiv seine Ziele betreiben, weiß zwar, dass er sich extrem verhält, empfindet sich aber dabei häufig als positiv stark.

In seiner Kindheit musste er jedoch schlimmste Momente durchleben, weil die Mutter oder der Vater ihn nicht aus Zuneigung bedacht und berücksichtigt haben.

Bei all seinem Bemühen die Liebe und Zuneigung eines Elternteils zu erringen, erlitt er Schiffbruch und nun blieb ihm nichts anderes übrig, als selbst für sich zu sorgen und extrem autonom zu werden.

Wegen der für ein kleines Kind äußerst schmerzhaften Momente wird das normalerweise verdrängt. Zurück bleibt ein fixiertes Extremverhalten, von dem der Betreffende eigentlich gar nicht weiß, warum er es hat.

Es gibt noch einen problembehafteten Mittelweg. Der Betreffende kann ein vom Anderen gewünschtes Entgegenkommen für seine Triebbefriedigung stillschweigend erwarten.

Er kann sich sogar bei allgemein üblichen Moralvorstellungen oder manchmal üblichen Erwartungshaltungen Unterstützung für seine Erwartungen holen.

Zum Beispiel ´ich erwarte, dass du als (Ehe-)Partner mich immer liebst´, ´ich erwarte, dass du niemals aggressiv zu mir bist´, ´ich erwarte, dass du mich immer auf Händen trägst´, ´ich erwarte, dass du niemals Kontakt zu anderen hast, die partnerschaftliche Konkurrenten für mich sein könnten´.

Anstatt sich betroffen zu zeigen, kann der Betreffende sich beleidigt zurückziehen, wenn der Partner diesen üblicherweise großen Ansprüchen nicht folgt.

Dazu gehört, dass dieser Anspruch im aktuellen Moment nicht normal und klar formuliert wird. Sondern häufig hinterher mit der Begründung ´du musst doch wissen das...´ nachträglich verkündet wird und mit einer Distanzierung dann Druck auf den anderen ausgeübt wird.

Hierbei zeigt sich, dass ein scheinbar schwacher Mensch ohne direkte Aggressionen, mit seinem Zurückziehen vom Anderen durchaus sehr stark sein kann, wenn sein Partner dann unter der Distanzierung leidet.

Der übersteigerte Anspruch wird gleichzeitig von einer niedrigen Frustrationsschwelle begleitet.

Entsprechende schlimme Erlebnisse in der Kindheit, die man nicht noch einmal erleben will, führen zu der niedrigen Frustrationsschwelle.

Bei jeder gleichartigen Situation kommen sofort Frustrationen aus der Kindheit hinzu (auch ohne sich bewusst zu erinnern). Die gegenwärtig etwas schmerzhafte Situation wird durch das in der Kindheit Erlebte um ein Vielfaches verschlimmert.

Dieses nunmehr schlimmere verletzende Erleben wird nun auf den Partner bezogen. ´Dass er mir das antut´, und dann erfolgt das verletzte Zurückziehen.

Wenn diese gleichartigen Situationen aus der Kindheit verdrängt sind, bleibt nur eine Therapie, um das aufzuarbeiten.

Nur wenn dem Betreffenden dieser Zusammenhang bewusst ist, kann er schließlich auf sein verletztes Zurückziehen verzichten. Mit angemesseneren Reaktionen findet er dann besseres Verständnis vom Partner und vernünftige Kompromisse können geschlossen werden.

Eine Partnerschaft unter diesen Umständen, wo der Eine hohe Erwartungen an bestimmtes Entgegenkommen hat, und der Andere sich leicht unter Druck setzen lässt durch Distanzierung, führt zu einer Konstellation, die nicht zu einer beiderseitigen normalen Befriedigung führt.

Beide zeigen Extremverhalten. Extremverhalten führen fast immer dazu, dass bestimmte Basistrieb-Bereiche unbefriedigt bleiben, entweder bei dem Einen oder beim Anderen oder wie in diesem Fall bei beiden Partnern.

Bei Gesprächen im Freundeskreis, zum Beispiel zu viert mit zwei Ehepaaren, besteht die Chance Extremverhalten zu erkennen und zu benennen. Je größer der Kreis ist, umso eher fällt Extremes auf.

Dieses Ansprechen, wo sich jemand extrem, also auch ungewöhnlich, verhält ist sehr wichtig. Es ist ein Anstoß für die Betreffenden, über ihr Verhalten nachzudenken.

Wenn einer der Betroffenen unter diesen Umständen auch einen Leidensdruck hat, ist es vielleicht nur noch ein Schritt, einen Psychologen aufzusuchen.

Anstelle von guten Ratschlägen, sollten die andern eher erzählen, wie sie sich in gleichartigen Situationen verhalten. Beispiele von anderen Menschen, die anders mit einer bestimmten Situation umgehen, verdeutlichen durch ihren Kontrast das Extremverhalten.

Noch einmal zusammengefasst kann man sagen: Es ist unabdingbar, dass jeder Mensch auf die Dauer eine ausreichende Befriedigung seiner Basistriebe erreichen kann.

(Es gibt natürlich Einschränkungen durch körperliche Behinderung oder durch zwingende Umstände, an denen man wirklich nichts ändern kann.)

Die Definition neurotischen Verhaltens ist: Das fixierte Extremverhalten eines Menschen, das andere Menschen in spezieller Weise vor den Kopf stößt, sodass die Rückwirkungen dazu führen, dass der Betreffende eins oder mehrere seiner Basistriebe nicht befriedigen kann.

Psychotherapie ist: das Erkennen unbefriedigter Basistriebe und das Feststellen, aufgrund welcher Mechanik des Verhaltens die eigene Befriedigung verhindert wird, das Erkennen, wodurch dieses ungeeignete Verhalten entstanden ist, sowie eine einsichtige Verhaltensänderung.

Mit dem Erkennen seiner eigenen problematischen Kindheits-Situation, geht die Erkenntnis einher, warum man in seinem Extremverhalten fixiert ist. Erst dann wird einem klar, warum man so extrem eingestellt ist und kann erkennen, dass diese Einstellung in der aktuellen Gegenwart unangebracht ist.

Ausnahme: man hat sich einen Partner gesucht, der wirklich genauso eingestellt ist, wie in der eigenen Kindheit bei Vater oder Mutter erlebt, und das alte Problem fortsetzt.

In diesem Fall ist es schwieriger, aber auch möglich, sich mit neuem Verständnis, künftig anders zu verhalten und damit auch den Partner zu einer Verhaltensänderung zu bringen.

Psychoanalyse heißt: Das integrieren (bejahen) von eigenen Triebbedürfnissen, die bislang vom Betreffenden selbst abgelehnt oder verdrängt wurden.

Die Psychoanalyse ist angebracht, wenn einer der Basistriebe so stark vom Betreffenden weggedrängt wird, dass dieser Trieb gar nicht mehr als zur eigenen Person gehörig, angesehen wird.

6 Das Geheimnis Nr. 1

Fast jeder Mensch trägt Ungleichgewichte mit sich herum. Man kann sich das wie bei einer Balkenwaage vorstellen, die entweder mehr nach links oder mehr nach rechts ausschlägt. Diese Waage neigt entweder mehr zum Autonomen oder mehr zum Heteronomen hin und dies gilt für jeden der fünf Basistriebe des Menschen.

Ideal ist, wenn diese Balkenwaage annähernd austariert ist und der Betreffende je nach Situation einmal autonom, das andere Mal heteronom agieren kann. Bei Extremverhalten ist jedoch der Betreffende auf das Eine oder das Andere aufgrund seiner Kindheitsprägung fixiert.

Nun existiert kein Mensch für sich allein. Auch ein Alleinstehender geht einkaufen, geht arbeiten, hat Nachbarn. Ein Mensch hat normalerweise eine Reihe von Kontakten. Im Kontakt mit anderen Menschen wirkt sich seine Ausprägung aus. Ist er autonom im Verhalten zu den anderen oder ist er heteronom und das wieder in Bezug auf jedes der fünf Basistriebe.

Abgesehen von materiellen Trieben, wie z. B. sich etwas zu essen zu besorgen oder sonst mit materiellen Dingen umzugehen, braucht es für die Befriedigung seiner Triebbedürfnisse andere Menschen. Der Mensch ist ein soziales Wesen.

Die Art und Weise, wie man auf andere Menschen zugeht, spielt eine entscheidende Rolle. Andere Menschen reagieren darauf. Dabei kommt, eine ungünstige Prägung und eine niedrige Frustrationsschwelle ins Spiel.

Ungünstige Prägung heißt: schlechte Erfahrungen, in frühester Kindheit erlebt, aber oft unbewusst, führen zu vorgefassten Meinungen über das Verhalten der anderen Menschen in Bezug auf einen selbst.

Beispiel: eine alte Dame erklärt mit 70 Jahren, dass niemand sich um sie gekümmert hätte und sie immer für sich selbst sorgen musste. Da sie dabei immer absolut egoistisch und geizig aufgetreten ist, kann das eigentlich niemanden wundern. Ihr selbst wurde dieser Zusammenhang jedoch nicht klar.

In einer lieblosen Kindheit musste sie lernen, für sich selbst zu sorgen. Wenn man sich in sie hineinversetzt, so ist ihr Verhalten verständlich. Ihr daraus resultierendes autonomes Extremverhalten (mit Egoismus und Geiz), stieß jedoch andere Menschen vor den Kopf, sodass sie sich ihre lieblose Umwelt permanent immer wieder erzeugt hat.

Sie denkt dabei: 'Die Anderen lieben mich sowieso nicht, also verliere ich nichts, wenn ich egoistisch bin'. Eventuell unterstützt von der Vorstellung: 'Niemand ist nett zu mir, warum soll ich nett zu anderen sein?'

Auch übertrieben heteronome Verhaltensweisen ecken an. Wenn sich jemand für andere wegwirft, alles und ständig für andere tut, so fällt das unangenehm auf. Die anderen denken 'der hat das nötig' oder 'das macht der bei jedem'. Dieser Eindruck entwertet die heteronomen Bemühungen in den Augen der anderen Menschen. Gerade aber diese Entwertung führt dazu, dass der Betreffende das nicht bekommt, was er braucht: die Wert-Anerkennung für seine Person.

Den wenigsten Menschen, die ein zwischenmenschliches Problem mit sich herum tragen ist klar, dass sie sich das Problem, unter dem sie leiden, selbst erzeugen.

Es gibt Ausnahmen, zum Beispiel: ein Chef, an dem man nicht vorbeikommt. Dann stellt sich die Frage, ob es besser ist, den Arbeitsplatz zu wechseln und ob man wirklich stichhaltige Gründe hat, das nicht zu tun. Oft blockiert einen auch die Angst vor etwas Neuem, was wieder ein Extremverhalten ist.

Das gilt insbesondere in der Partnerschaft, Menschen mit schlechtem Selbstbewusstsein bleiben in einer Partnerschaft aus Angst vor einer ungewissen Zukunft. Das kann dazu führen, dass sie sich von ihrem Partner vieles gefallen lassen, was sie sich unter anderen Umständen verbeten würden. Das damit verbundene schwache Auftreten ist wieder ein Extremverhalten.

Alle Extremverhalten wirken sich auf die Menschen, mit denen jemand Kontakt hat, aus. Die Reaktionen dieser Menschen bilden die Umwelt, in der man lebt.

Es gibt Menschen, womöglich noch gutaussehende, die fast immer gute Laune haben, ehrlich freundlich und spontan sind, häufig einen kleinen Scherz auf der Zunge und ganz locker durch alle menschlichen Kontakte hindurch gehen. Die Umwelt, die sie geschaffen haben, entsteht nicht absichtlich, sondern wie zufällig und ist genauso freundlich, wie der betreffende selbst.

Die Umwelt eines in seinen Problemen gefangenen Menschen, der womöglich misstrauisch seinen Mitmenschen bösartige Dinge unterstellt, sieht vollkommen anders aus.

Zusammenfassung: Jeder Mensch erzeugt sich seine Umwelt (und damit auch sein Problem) auf die eine oder andere Art selbst.

7 Das Geheimnis Nr. 2

Während Übersteigernde meistens wissen, dass sie sich extrem verhalten, wissen sie meistens nichts mehr davon, welche Angst sie dazu treibt.

Heteronome und schwache Menschen, wissen schon eher, dass sie Angst haben. Sie trauen sich nicht, stark aufzutreten, sie trauen sich nicht autonom das zu tun, was sie eigentlich wollen oder wozu es sie im Inneren drängt.

Die Frage ist dann, wissen sie aber auch, dass das, was sie der Angst folgend tun oder unterlassen, schuld an ihrer Misere ist? Wissen Sie, warum sie diese Angst haben, warum sie von ihr beherrscht werden?

Sehr leicht ist es dann zu sagen: der Andere ist schuld, dass ich Angst habe. Die Verantwortung dafür, dass man sich Entscheidendes gefallen lässt, liegt jedoch bei einem selbst und diese Verantwortung kann einem auch niemand abnehmen. Jedoch kann man sich Unterstützung bei einem Psychologen holen.

Zusammenfassung: Angst vor etwas ist der Grund, warum man auf ein extremes Verhalten fixiert ist.

8 Das Geheimnis Nr. 3

Wenn jemand in seinem Extremverhalten gefangen ist, wenn er Ängste hat, die ihn steuern, noch mehr, wenn er Ängste hat, von denen er nichts weiß, weil er sie verdrängt, dann kann er nicht einfach einem guten Rat folgen.

Hilfreich wäre eher, gut zuzuhören und sich stark mit eigenen Vorschlägen zurückzuhalten. Es gibt eine einfache Therapieform [4], in der ständig nur wiederholt wird, was man verstanden zu haben glaubt. Da jeder Mensch andere Vorerfahrungen und Erlebnisse hatte, gibt es ständig Gelegenheit sich misszuverstehen.

Auch in Bezug auf kleine Feinheiten sind diese Unterschiede im Verstehen wichtig. Sinn der Sache ist, dem Erzähler, durch sein eigenes Erklären, ein besseres Verständnis für sich selbst zu ermöglichen. Indem er seine Probleme erklärt, versteht er sie selbst besser.

Ein anderer wichtiger Aspekt bei Partnerproblemen ist folgendes: Zwei Menschen, die sich in einer Partnerschaft zusammenfinden, bilden eine gemeinsame Szenerie.

Beide sind daran gewöhnt, dass es zwischen ihnen in einer gewissen Weise abläuft, häufig haben beide gemeinsame Vorstellung von den Dingen, insbesondere von Moralvorstellungen oder auch davon, wie man miteinander umgeht.

Anspruchshaltung des einen können vom andern akzeptiert sein. Zum Beispiel der eine hat die Vormachtstellung und der andere akzeptiert das und richtet sich nach ihm.

Bei all diesen Dingen einer Partnerschaft kann ein Extremverhalten dabei sein. Ein Extremverhalten des einen wird nicht dadurch besser, dass der andere das akzeptiert.

Ein Extremverhalten des einen, das gegen den Partner gerichtet ist, führt zu einer Minderbefriedigung des Anderen in irgendeinem Lebensbereich.

Wenn der Partner diese Minderbefriedigung akzeptiert oder gar erwünscht, so spricht man von einer Ergänzungsneurose. Diese führt keinesfalls zu einer glücklichen Beziehung. Beide Partner brauchen ein ausreichendes Maß an Befriedigung in jedem Basis-Triebbereich.

Zusammenfassung: Extremverhalten macht auf die eine oder auf die andere Art unglücklich.

Wenn man jemand helfen will, ist es gut, sich die Probleme des anderen haargenau erklären zu lassen und sich mit guten Ratschlägen sehr zurückzuhalten. Diese nützen meistens sowieso nichts.

9 Unterstützendes/entgegengerichtetes Verhalten

Zwischenmenschliche Verhaltensweisen wirken nicht in einem leeren Raum, sie kommen in Kontakt mit anderen Menschen und deren Verhalten. Daher haben wir zwei Verhaltensweisen: Erstens das Verhalten eines Akteurs und zweitens das Verhalten eines davon betroffenen Mitmenschen. Das Verhalten des Mitmenschen kann unterstützend oder entgegengesetzt sein. Er kann das Verhalten akzeptieren, unterstützen oder ablehnen oder sogar bekämpfen.

Zum besseren Verständnis kehren wir zur psychologischen Entwicklung des Menschen zurück. In den Kindheitsphasen entwickeln sich die Grundtriebe nacheinander und werden von Eltern und Gesellschaft geprägt.

Das Verhalten der Eltern hat durch dieses unterstützende oder entgegengerichtete Verhalten einen entscheidenden Einfluss auf ihre Kinder. Der Einfluss berührt die Ausformung von Aktivitäten, die sich auf Basistriebe beziehen. Dieser Einfluss umfasst bremsende, blockierende, entgegenwirkende, unterstützende, fordernde und überfordernde Wirkungen auf Basistriebe.

Da Basistriebe nicht einfach gelöscht werden können, treten Probleme beim Blockieren auf. Es ist Grundwissen für Psychoanalytiker, dass jemand eine permanente Abwehr gegen sich selbst braucht, um Basistriebe zu unterdrücken.

Fähigkeiten sind ein weiteres Thema. Ein kleines Kind kann vieles nicht. Es muss viele Fähigkeiten erlernen und braucht Hilfe und Unterstützung. Wenn die Eltern diese Unterstützung und Ermutigung nicht leisten, wird das Kind leistungsschwach. Wenn man als Kind nie für seine Anstrengung gelobt wird, warum sich dann überhaupt die Mühe machen?

10 Die Triebmittel für die Triebziele

Zu jedem Triebziel gehört ein Triebmittel, mit dem das Triebziel erreicht werden kann. Das jeweilige Triebmittel ist damit originär mit einer Kindheitsphase und einem Basistrieb verknüpft:

1. Vertrauen für Nähe und Liebe

Um jemandem wirklich nahe zu kommen und sich zu verlieben, braucht es Vertrauen in den Partner. Zwar spielen die Charaktereigenschaften eines Partners eine Rolle, aber auch die Fähigkeit, sich überhaupt verlieben zu können, ist entscheidend.

Es ist inzwischen schon Allgemeingut geworden, dass, wenn sich jemand nach dem Kennenlernen und gemeinsamen Näherkommen nicht verlieben kann, die Frage zu stellen:

'Traust du dich nicht, dich zu verlieben?' Diese Frage verdeutlicht worum es geht, es geht darum, sich zu trauen. Wer sich fallen lässt (englisch: Falling in love), riskiert einen Absturz, der dann stattfindet, wenn die Liebe enttäuscht wird.

Wer in der Kindheit diese Enttäuschung erlebt hat, wenn das kleine Kind die Liebe der Mutter oder des Vaters brauchte und dieser im entscheidenden Moment sich abgewendet oder das Kind im Stich gelassen hat, der hat große Schwierigkeiten, sich zu verlieben.

Nicht umsonst heißt der Heirats-Vorgang: 'die Trauung`.

Nun gibt es zwei Möglichkeiten, die ein sich-Nahe-kommen verhindern: Der eine Partner betreibt sein Ziel übersteigert, was vor allem am Anfang einer Beziehung passieren kann, und stößt den anderen damit vor den Kopf – gleichsam er erzeugt es selbst, dass der andere nicht will.

Oder

der andere hat Angst vor zu viel Nähe. Da gibt es viele Möglichkeiten, sich dem anderen vom Leib zu halten.

'Ich bin gerade im Stress', 'mir ist gerade nicht danach', 'mich juckt es gerade', 'ich habe gerade Kopf-, Bauch- oder sonst welche Schmerzen'.

Dabei ist nicht nur das aus-dem-Weg-gehen von sexuellen Gelegenheiten gemeint, sondern auch von Nähe- und Liebesmomenten ohne Sex. Wenn in einem nahen Moment, der Partner einem nicht lange in die Augen sehen kann, wenn er unruhig wird, dann weicht er dem sich-fallen-lassen aus.

Typisch ist durchaus, dass immer ein Partner mehr Nähe will als der andere. Dann gibt es zwei Möglichkeiten, entweder, er begnügt sich damit, bleibt aber unzufrieden, bis er auf einen möglichen Partner stößt, der mehr Nähe eingehen kann, oder er stellt die Gretchenfrage:

´Bist du bereit, dich richtig auf mich einzulassen oder willst du lieber ohne mich leben?´

Unter diesem Druck, der auch angebracht ist, wenn der Partner unannehmbare Eigenarten hat, entscheiden sich manche, sich mehr auf die Beziehung einzulassen.

Wenn der Unzufriedene diese Gretchenfrage nicht stellen kann (z. B. aus Abhängigkeit) und mit dem Zustand unzufrieden ist, so bleibt eine gemeinsame Eheberatung oder eine Therapie des Unzufriedenen, die im positiven Fall damit endet, dass er die Gretchenfrage dann stellen kann.

Oft kommt es auch vor, dass beide Partner nicht zu viel Nähe wollen. Dann kann die Beziehung durchaus stabil bleiben. Menschen, die richtige echte Liebe nicht empfinden können, sagen gerne:

´Was ist schon Liebe? Das ist sowas diffuses. ´

Echte Liebesgefühle, z. B. beim Schauen in die Augen des Partners, sind in etwa so stark wie ein sexueller Orgasmus.

Wenn jemand sagt, ich weiß nicht, ob ich einen Orgasmus hatte, dann hatte er keinen. Das Gefühl ist so stark, danach weiß man, dass man einen hatte.

Das Gleiche gilt für ein echtes Liebesgefühl. Wer nicht genau weiß, wie das ist, der hatte noch keine echten Liebesgefühle.

Das Bedürfnis nach Liebe und Nähe ist natürlich ein Basistrieb, der selbstständig neben dem Sexualtrieb existiert.

2. Steuern für Machtausübung

Zum Steuern gehört eine Anweisung, eine Erwartung, die den anderen bekannt ist und die Einführung einer Regel, die man selbst bestimmt hat.

Der Ausdruck 'Machtausübung' ist negativ besetzt. Warum wohl? Die Älteren von uns haben in der Kindheit erlebt, der ultimativen Macht der Eltern ausgesetzt zu sein.

Auch die Macht eines Chefs bei der Arbeit ist lange nicht so weitreichend wie die Macht der Eltern über die Kinder. Fast jeder würde sich eine solche Behandlung verbitten, wie sie doch früher zwischen Eltern und Kinder stattfand.

Nun gibt es inzwischen einen Unterschied zwischen der Behandlung der Kinder früher und heute. Heute läuft das oft lange nicht mehr so autoritär ab.

Es gibt jedoch immer noch genügend Lebensbereiche, wo die Eltern der Meinung sind, dass die komplette Kontrolle über die Kinder wichtig ist. Vor allem in Bezug auf die Gesundheit und Sicherheit.

Für viele Eltern sind die Kinder ein wichtiger Schatz, den es zu behüten und beschützen gilt. Dass die damit verbundene Kontrolle einen großen Teil der Selbstbestimmung der Kinder verhindert, entgeht den meisten.

Es gibt Kulturen [5], die ihren Kindern schon frühzeitig mehr Verantwortung übertragen und wo die Kinder dann auch früher selbstständig und auch nicht trotzig werden.

Der Wunsch Macht auszuüben ist ein Basistrieb. Allgemein akzeptiert ist die Macht über seinen eigenen Besitz. Man stelle sich vor, jemand käme und würde bestimmen, was man mit seinen Möbeln zu machen hat. Wo der Tisch stehen soll und wo der Schrank. Die Möbel der Kinder im Kinderzimmer stehen meist da, wo die Eltern es wollen.

Wie die Möbel in einer gemeinsamen Wohnung stehen, ist interessant für die Frage, wer in einer Partnerschaft das Sagen hat.

Wenn man jetzt an den Chef einer großen Firma denkt, der Anweisungen an viele Menschen geben kann, an einen König aus früherer Zeit, der große Macht über Menschen hatte oder an einen Diktator in heutiger Zeit, der Macht über ein ganzes Land ausübt, wer hat da Zweifel, dass Machtausübung lustvoll sein kann?

Machtausübung wird natürlich von denjenigen abgelehnt, die schon einmal darunter gelitten haben.

3. Anstreben für sexuelles/rivalitäres Ziel

Ein kurzer Blick ins Tierreich zeigt, worum es geht. Hirsche tragen Duelle aus und kämpfen um die Frauen. Auch unter Menschen sind Schlägereien um eine Frau möglich. Auch Frauen kennen manchmal keine Freundschaften mehr, wenn es um einen begehrten Mann geht.

In Angesicht einer großen Auswahl an möglichen Partnern, gelten bei Menschen andere Regeln.

Männer und Frauen gewinnen an Attraktivität, wenn sie spontan, lustig, locker im Kontakt sind und sich attraktiv präsentieren können. Das Ziel, einen Partner zu gewinnen, kann mit friedlichen Mitteln *angestrebt* werden. Ein solches Ziel zu erreichen (wie auch jedes andere Ziel), ist ein Basistrieb.

Aggressionen gegen Konkurrenten treten dann auf, wenn der Personenkreis klein ist. Wenn nur eine begehrte Person da ist, die man für sich gewinnen will und wenn da ein Konkurrent existiert, wie auch in der Kindheit, wo es um die Liebe der Mutter oder des Vaters im Konkurrenzkampf gegen einen Bruder oder Schwester geht.

Sehr problematisch wird es, wenn mit dem Begehrten selbst ein heftiger Konflikt existiert. Gegen wen soll sich dann die Aggression richten?

Ein heftiger Konflikt mit dem Vater oder der Mutter, bei dem man Hassgefühle entwickelt und ihn oder sie eigentlich von Natur aus lieben will und geliebt werden will.

Dieser Widerspruch ist ein schrecklicher Konflikt für ein Kind und kann zu der Verdrängung der Liebesbedürfnisse und blinden jähzornigen Wutausbrüchen gegen irgendwen führen.

4. Helfen für Anerkennung

Bereits ab zwei Jahren beginnt ein Kind damit, Freude zu entwickeln, wenn es den Eltern irgendwo helfen kann. Wenn es dann gelobt wird, verstärkt sich die Freude. Eine Leistung auszuführen und dafür Anerkennung zu bekommen ist ein Basistrieb.

Für diesen Basistrieb gibt es noch zwei Variationen, einmal als Lernender, die Leistung etwas zu erlernen und die Leistung als Lehrender, jemand etwas beizubringen.

Schließlich kann jemand, der die Leistung erbracht hat einen Beruf zu erlernen, anschließend anderen Menschen, durch die Ausübung seines Berufes, helfen (zum Beispiel als Arzt oder Krankenschwester). Bei genauer Betrachtung, entpuppt sich doch jede Art von Ware und Leistung, die wir für Geld erhalten, als etwas, was auf diesen Basistrieb zurückzuführen ist.

Während als Kind und unter Freunden, eine Hilfeleistung nur für ein kleines Lob ausgeführt wird, erhält man in der materiellen Welt für die Ausübung seines Berufes Geld.

Man kann sich leicht vorstellen, dass die Prägung dieses Basistriebes eine große Rolle für das spätere Berufsleben spielt.

5. Kontakt(ieren) für soziale Vernetzung

Für das Gefühl, wichtig zu sein, braucht ein Kind Aufmerksamkeit und Zuwendung. Man stelle sich das Gegenteil vor, sich unwichtig zu fühlen. Das ist kein gutes Gefühl, dass es ermöglicht Aufmerksamkeit in Anspruch zu nehmen.

Die Fähigkeit, Aufmerksamkeit in Anspruch zu nehmen, ist aber wichtig für das Knüpfen von Kontakten.

Es ist ein Basistrieb Kontakte zu knüpfen und sozial vernetzt zu sein. Allein jemand zu kennen, der über etwas Bescheid weiß oder der jemand kennt, der Bescheid weiß, kann eine große Hilfe im Leben sein.

Viele Menschen, zu denen man auf diese Weise Kontakt hat, sind auch bereit, einem zu helfen, zumindest mit einer Auskunft, denn die kostet ja nichts. Ein Prominenter hat in dieser Hinsicht einen Vorteil. Viele Menschen wünschen sich Kontakt zu einem Prominenten.

Wenn ein Prominenter Kontakte sucht, hat er es besonders leicht. Darum ist eine Variante dieses Basistriebs, durchaus auch der Wunsch, selbst prominent zu sein.

Es lässt sich beobachten, dass normale Menschen, die nicht einschlägig vorbelastet sind, sich darüber freuen jemand kennen zu lernen.

Nicht umsonst gibt es den Spruch: „Es freut mich, Sie kennenzulernen!“. (Wenn ein vorbelasteter Mensch mit einschlägig schlechten Erfahrungen dazu sagt, dass das doch nur so unehrlich daher gesagt sei, dann beweist das nicht das Gegenteil.)

Noch einmal zusammengefasst: Zu jedem Triebziel gehört ein Triebmittel, mit dem das Triebziel erreicht werden kann. Das jeweilige Triebmittel ist auch mit einer Kindheitsphase und einem Basistrieb verknüpft.

Triebmittel 1: Vertrauen für Nähe und Liebe.

Triebmittel 2: Steuern für Machtausübung.

Triebmittel 3: Anstreben für sexuelles/rivalitäres Ziel.

Triebmittel 4: Helfen für Anerkennung.

Triebmittel 5: Kontakt(ieren) für soziale Vernetzung.

11 Die Bekämpfung der Basistriebe

Die fünf Basistriebe eines Menschen können durch entgegengerichtetes Verhalten der Eltern/Mitmenschen bekämpft werden durch:

1. Distanzieren/Liebesentzug - wirkt gegen Nähe und Liebe.
2. Dominieren - wirkt gegen Eigenbestimmung.
3. Attackieren - wirkt gegen friedliches Ziel-Anstreben.
4. Geringschätzen / mangelnde Unterstützung beim Lernen - wirkt gegen Leistungsfähigkeit.
5. Ignorieren - wirkt gegen Beachtungswunsch.

Entgegengerichtetes Verhalten kann von Eltern gegen ihre Kinder gerichtet werden, meist als Strafe. Es kann aber auch im (Ehe-) Krieg gegen den Partner oder sonst eine näherstehende Person gerichtet sein.

Solche Kampfmittel haben umso mehr Wirkung, wenn der Andere besonders verletzlich in dem entsprechenden Bereich ist. Das gilt generell für Kinder, die den viel stärkeren Erwachsenen gegenüber immer in einer schwächeren Position sind.

Da die Kinder automatisch in dieser schwächeren Rolle sind, ist es üblich, dass sie später als Erwachsene diese schreckliche schwache Rolle nicht mehr einnehmen wollen und in einem Streit meistens versuchen der Stärkere zu sein. (Ausnahme: Jemand zeigt übertriebenes Verletzt sein, um ein schlechtes Gewissen zu machen.)

In einem Streit zwischen Partnern ist der von einem solchen Kampfmittel Getroffene dann oft mit einem Gegenangriff beschäftigt, anstatt erst einmal zu zeigen, wie schlimm der Angriff für ihn war.

Das zu zeigen, braucht die Fähigkeit, sich schwach zu zeigen. Sich durch das Zeigen der eigenen Verletzlichkeit dem anderen auszuliefern. Der könnte ja nun erst recht in die wunde Stelle treffen.

Wenn sich jemand schwach zeigt, wird der Angreifer dann aber meist innehalten und vielleicht erst jetzt realisieren, was er da tut. Es könnte auch passieren, dass er mit seiner Wirkung zufrieden ist und man dann gemeinsam in friedlichere Bahnen überwechselt.

Endgültig hässlich wird es aber, wenn der Angegriffene seinerseits den anderen mit einem Kampfmittel angreift und dieser tatsächlich verletzt wird. Dann können beide, in ihrer Verletzung gefangen, jeden Überblick verlieren.

Generell ist die Moral, man solle immer friedlich und leise bleiben, nicht hilfreich. Was soll jemand tun, der sauer ist. Wenn er seinen Ärger unterdrückt, dann staut der sich auf und wird umso schlimmer.

Besser wäre es, frühzeitig Ärgernisse anzusprechen. Dann ist noch nichts aufgestaut und eine Aussprache läuft vernünftiger. Bei einer niedrigen Frustrationsschwelle, die schnell zu einer Kampf-Reaktion führt, hilft da kein Bemühen, sondern nur Psychotherapie oder eine intensive Eheberatung.

Die Kunst der Therapie liegt dann darin, dass der Betreffende sich seiner Enttäuschungen voll bewusstwird, die meist eine Verbindung mit Kindheitsproblemen haben, und gleichzeitig lernt, anders damit umzugehen.

Einschränkend wäre zu sagen, dass ein Psychopath, der seinen Partner jähzornig prügelt, sich natürlich doch besser beherrschen sollte und eine Anti-Aggressionstherapie machen sollte, sofern er überhaupt daran interessiert ist, an sich zu arbeiten.

Jedes der fünf Triebmittel kann in der Kindheit durch schlechte Erfahrungen gehemmt werden.

11.1 Distanzieren/Liebesentzug wirkt gegen *Vertrauen* für Nähe und Liebe

Wer seiner ersten Bezugsperson (meist der Mutter) nicht *vertrauen* konnte, weil sie unzuverlässig war, oder dann, wenn ihre Nähe gebraucht wurde, einen im Stich gelassen hatte, der kann auch seiner späteren Bezugsperson (dem Partner) nicht so leicht vertrauen.

Das Vertrauen wird in erster Linie für Nähe und Liebe gebraucht, jedoch in zweiter Linie auch für alle anderen zwischenmenschlichen Triebbedürfnisse.

Auf der anderen Seite kann das Druckmittel Liebesentzug auch bei jedem anderen Triebziel des Kindes von einer Bezugsperson in Stellung gebracht werden.

11.2 Dominieren wirkt gegen das *Steuern* eines eigenen Machtbereichs

Zum *Steuern* gehört, dass man klar sagen kann, was man will. Bei einer Hemmung ist man entscheidungsunsicher. Man weiß nicht, was das Richtige ist. Manche Menschen nehmen zu etwas Stellung, im nächsten Satz nehmen sie es wieder zurück.

Hier spielt auch häufig die Moral eine große Rolle. Wer sich unsicher ist, was man von seinen Wünschen haben darf, greift zur Not auf die Moral zurück. Die sagt, was erlaubt ist und was nicht.

Ein Problem entsteht dann, wenn man unmoralische Wünsche hat. Dies führt bei Menschen, die ihre Moralvorstellungen verinnerlicht haben, zu einem seelischen Konflikt.

In einer sozialen Gemeinschaft sind jedoch bestimmte Regeln unabdingbar.

Die meisten Extremeinstellungen, sofern sie expansiv auf die anderen Menschen gerichtet sind, werden durch moralische, bzw. auch gesetzliche Vorschriften begrenzt.

Ein mögliches Extremverhalten ist, seine eigenen Wünsche hinter moralisch üblichen Ansprüchen zu verstecken.

Statt zu sagen: „Ich wünsche mir das . . . “, zu sagen „Es gehört sich doch das . . .“

Gerade solche Menschen, die in ihrer Kindheit schlechte Erfahrung damit gemacht haben, wenn sie gesagt haben, was sie wollen, trauen sich das später nicht mehr und verstecken ihre persönlichen Wünsche hinter der Moral.

Sie können zum Beispiel sagen: ′Es ist doch deine moralische Pflicht das (Gewünschte) für mich zu tun.′

Das Steuern wird in erster Linie für die Machtausübung gebraucht, in zweiter Linie dient es aber auch allen anderen zwischenmenschlichen Triebbedürfnissen.

Auf der anderen Seite kann ein gegen andere Menschen gerichtetes Dominieren (auch enthalten in einem übermäßigen Kritisieren) nicht nur gegen den Willen, sondern auch gegen jedes andere Triebziel des Anderen in Stellung gebracht werden.

11.3 Attackieren wirkt gegen friedliches *Anstreben* von Zielen

Zum *Anstreben* gehört das Aktivwerden, Handlungen mit denen ein Ziel erreicht werden kann.

Der Kern dieses Triebes ist es, einen Sexualpartner für sich zu erobern. In zweiter Linie dient er aber auch dem Erreichen aller anderen zwischenmenschlichen Triebziele.

Zum menschlichen Verhalten gehört die Eskalation.

Vom friedlichen Anstreben eines Zieles zum kämpferischen und vom kämpferischen zum gewaltsamen.

Wenn ein friedliches Anstreben nicht ausreicht, um ein Ziel zu erreichen, dann kann es leicht gewaltsam werden. Es ist einfach so, dass etliche Ziele von Menschen mit Gewalt (oder mit List) erreicht werden.

Dazu gehört für sexuelle Ziele die Vergewaltigung.

Das äußerst Extreme sieht man im Krieg. Da ist augenscheinlich zu sehen, wie versucht wird, Ziele mit Gewalt zu erreichen.

Innerhalb einer sozialen Gesellschaft ist die Gewalt verpönt. Wo sie doch auftritt, ist die Polizei zuständig.

Zum Beispiel ist es nicht erlaubt, jemand in einem Wutanfall zu töten. Das bedeutet, dass Menschen, wenn sie durch seelische Nöte zu extremen Handlungen neigen, mit den Regeln der sozialen Gemeinschaft in Konflikt geraten.

Ein Abbau solcher Aufstauungen durch Auslebung, verbietet sich. Dies gilt auch für einige andere extreme Verhaltensweisen anderen Menschen gegenüber.

Man kann eigentlich verstehen, dass ein Mensch nicht gerade deswegen, weil es ihm Spaß macht, ein Wutanfall kriegt, sondern weil er in seelischer Not ist.

Wie viel besser haben es dann Menschen, die keine solche Aufstauungen haben, bzw. nicht zu derartigen Extremverhalten neigen. Menschen, ohne Aufstauungen oder Extremverhalten haben es viel leichter mit anderen Menschen klar zu kommen.

Es gibt leider Gemeinschaften, die in permanenter Eskalationsstufe leben. Das heißt die friedliche Auseinandersetzung findet kaum statt, es geht gleich aggressiv zur Sache.

In solchen Gemeinschaften am Rande der normalen Gesellschaft kann körperliche Gewalt und Schlagen nicht nur im Streit oder der Sexualität eingesetzt werden, sondern auch gegen jedes andere Triebziel anderer Menschen in Stellung gebracht werden.

11.4 Geringschätzen wirkt gegen *Helfen* und Leistung für Anerkennung

Beim Lernen braucht ein Kind Unterstützung. Werden die Lern-Leistungen und das *Helfen* des Kindes von den Eltern nicht gelobt und unterstützt, so wird es nicht so gute Leistungen vollbringen können.

Insbesondere, wenn die kindlichen Leistungen herabgewürdigt werden, kommt es zum Problem.

Nur mit dem richtigen Maß an Anerkennung bekommt das Kind die nötige Freude an Leistungen.

Es ist bekannt, dass Kinder aus unterprivilegierten Schichten, denen die nötige Unterstützung durch die Eltern fehlt, es beruflich meistens nicht so weit bringen.

Unterstützung kann man Kindern nicht nur für die Leistungsfähigkeit angedeihen lassen, sondern in zweiter Linie auch für alle anderen zwischenmenschlichen Triebbedürfnisse.

Eine mangelnde Unterstützung kann auch gegen alle andere Triebziele des Kindes von Bezugspersonen in Stellung gebracht werden.

11.5 Ignorieren wirkt gegen *Kontakt(ieren)* für die soziale Vernetzung

Für die Inanspruchnahme von Aufmerksamkeit braucht ein Kind die Aufmerksamkeit der Eltern. Wenn die Eltern die Versuche des Kindes der *Aufmerksamkeits(-Inanspruch)nahme* häufig ignorieren, dann bekommt das Kind das Gefühl unwichtig zu sein. Das ist eine schwere Hypothek beim Knüpfen von Kontakten im späteren Leben.

Aufmerksamkeits-Inanspruchnahme ist in erster Linie wichtig für die soziale Vernetzung und in zweiter Linie auch für alle anderen zwischenmenschlichen Triebbedürfnisse.

Das Ignorieren der Beachtungswünsche des Kindes kann auch gegen alle anderen Triebziele von einer Bezugsperson in Stellung gebracht werden.

12 Die Antinomie von Basistrieben.

Viele Basistriebe sind paarweise angeordnet. Je zwei sind gegensätzlich ausgerichtet. Gegensätzlich bedeutet, dass jemand in einer bestimmten Situation nur das Eine oder das Andere tun kann.

Beide gegensätzlichen Verhaltensweisen sind jedoch Mittel, um unterschiedliche Triebziele zu erreichen. Es muss also entschieden werden, welches von ihnen im aktuellen Moment wichtiger ist.

Zum Beispiel:

Aktiv oder passiv, egoistisch oder rücksichtsvoll sein, für das Alte oder für das Neue.

Jede Verhaltensweise ist gut für Triebziele.

- Aktiv zu sein ist gut, um Ziele zu erreichen.
- Passiv zu sein ist gut, um auf besondere Umstände zu warten (z. B. um sich zu erholen).
- Egoistisch zu sein ist gut für den Moment, in dem man etwas wirklich Wichtiges bekommen/erreichen kann.
- Es ist gut, rücksichtsvoll zu sein, ein netter Mensch zu sein, der auch an andere denkt.
- Das alte Ding ist gut dadurch, etwas zu verwenden, von dem bekannt ist, dass es zuverlässig funktioniert.
- Das Neue ist gut, die Gelegenheit zu nutzen, etwas Besseres zu finden.

Ein unbelasteter Mensch ist in der Lage, an einem Punkt egoistisch und an einem anderen Zeitpunkt rücksichtsvoll zu sein. Es kommt auf die Situation an.

Der Extreme wird dagegen entweder durch drastische oder traumatisierende Behandlungen der Eltern in der Kindheit zu heteronomem Verhalten gezwungen oder er lernt, sich in einem autonomen Verhaltensumfeld autonom gegen andere durchzusetzen.

Dies führt zu einem übertriebenen autonomen Verhalten, weil das Kind es gelernt hat, dass es darum geht, mit vollem autonomen Engagement zum Ziel zu kommen (z.B. immer dominant oder immer aggressiv).

Der Heteronome hingegen ist immer rücksichtsvoll oder nachsichtig oder anhänglich oder friedlich oder demütig, weil er in seiner Kindheit schlechte Erfahrungen mit dem Gegenteil gemacht hat, so dass er es sich nicht mehr traut, sich anders zu verhalten. Sind diese schlechten Erfahrungen traumatisch, werden die Erfahrungen verdrängt und wirken dann noch stärker.

Ein Beispiel:

Eine Mutter möchte, dass ihr Kind friedlich ist. Da die Mutter selbst Aggressionen unterdrückt hat, projiziert sie Aggressionen auf andere, einschließlich ihr Kind. Sie vermutet, dass andere Menschen genauso aggressiv sind, wie sie (unbewusst).

Projektion bedeutet in diesem Fall ′Ich nicht – die Anderen haben Aggressionen′. Die Mutter versucht, diese vermutete große Aggression ihres Kindes zu unterdrücken. Im Moment eigentlich leichter Aggression des Kindes (insbesondere, wenn diese gegen die Mutter gerichtet ist) bekämpft die Mutter das Verhalten des Kindes.

Daher beginnt das Kind, seine Aggressionen zu unterdrücken und anzuhäufen. Schließlich hat das Kind aufgestaute Aggressionen wie die Mutter.

Die Frage ist, welche Strafe die Mutter verwendet.

Wenn sich die Mutter beispielsweise in Momenten leichter Aggression vom Kind distanziert (Liebesentzug), gerät das Nähe- und Liebesbedürfnis des Kindes unter Druck. Das Kind lernt dann, für den Aggressionstrieb auf Liebe und Nähe verzichten zu müssen.

Wenn das Kind Liebe und Nähe wählt, muss es die eigene Aggression bekämpfen und friedlich sein. Schließlich muss die eigene Aggression immer unterdrückt werden. Das bedeutet dann den permanenten inneren Konflikt.

Solch ein permanenter innerer Konflikt zwischen zwei Grundtrieben führt zu einer Extremeinstellung. Typisch ist die polare Ausprägung des Extremen (entweder nur heteronomes oder nur autonomes Verhalten in einem oder mehreren der oben genannten Verhaltensweisen).

Der Kern des Problems ist die angstbedingte Vermeidung. Das Verhalten des Extremen ist eher das Symptom.

Das Verhalten, das der Extreme vermeidet, ist aufgestaut:

- Immer nah beim Partner: Einmal möchte ich unabhängig sein.
- Immer wieder nachzugeben drängt zu harscher Ablehnung.
- Verdrängte Wut, die nicht ausagiert wird, führt zur Explosion.
- Immer rücksichtsvoll drängt zu: Jetzt bin ich mal dran.
- Immer großzügig und freigiebig drängt zu: Jetzt möchte ich etwas für mich behalten.
- Anderen immer wieder zu helfen, führt zu: Lasst mich in Ruhe.
- Immer aufmerksam drängt zu: Ich will nichts mehr sehen, hören, fühlen.

Wenn ein Extremer diese Einseitigkeit mit sich herumträgt und sich sein ganzes Leben darauf konzentriert hat, das gegenteilige Verhalten zu unterdrücken, kann man ihn nicht so einfach dazu bringen, es anders zu machen.

Das Beharren im einseitigen Verhalten ist äußerst anstrengend. Der heteronome Extreme möchte eigentlich weniger heteronom sein.

Aber das kann er aufgrund seines Kindheitshintergrunds nicht.

Das gegenteilige Verhalten, das der Extreme so lange nicht ausgelebt hat, ist entweder gehemmt, verdrängt oder tabuisiert.

Er muss ständig Abwehrmechanismen aufrechterhalten, die seine geheimen Wünsche unterdrücken. Erst wenn der Kern bewusstwird, wenn der Extreme versteht, warum er sich so einseitig verhält, kann er sich ändern. Selbst dann fällt es ihm schwer, das zu wagen.

Bei erfolgreicher Therapie kommt es dann zu einem Wechsel hin zum gegenteiligen Verhalten. Es besteht die Gefahr, dass die Anderen von diesem neuen ungewohnten Verhalten weggestoßen werden. Daher bremst der Therapeut, es zunächst nicht zu übertreiben.

Noch schwieriger ist es, einen übermäßig autonomen Extremen zu therapieren. Normalerweise weiß er, dass er sich extrem verhält und egoistisch, geizig, dominant, übermäßig freiheitsliebend (Angst vor Bindung), aufmerksamkeitssuchend oder aggressiv ist, aber er weiß nicht mehr, wie es war, als er noch anders war.

Alle heteronomen Verhaltensweisen sind ebenfalls Grundbedürfnisse. Für sein Sozialverhalten geliebt zu werden, alles für die geliebte Mutter und den geliebten Vater zu tun, ist auch ein Urtrieb.

Der äußerst Autonome wollte einst großzügig, nicht egoistisch, lieb, partnerschaftlich, loyal oder friedlich sein und erlitt damit einen schrecklichen Schiffbruch. Er musste mit dem größten Schmerz lernen, dass es nichts nützte, nett zu sein. Und dass er untergeht, wenn er sich nicht autonom vertritt.

Diese schrecklichen Erfahrungen im Zusammenhang mit seiner heteronomen Schwäche lassen ihn, in seiner speziellen Problem-Richtung nur stark werden. Es wird sein Lebenskonzept sein.

Die traumatischen Erfahrungen mit schwachen Kindheitssituationen werden verdrängt oder zumindest ähnliche Situationen für immer vermieden.

Zusammenfassung: Das extreme Verhalten einer Neurose kann in der Therapie nicht beseitigt werden, ohne am Kern zu arbeiten. Die Angst des heteronomen Extremen vor (eigenem) autonomem Verhalten oder die Angst des autonomen Extremen, unterzugehen, wenn er schwach (heteronom) ist. Von den zwei Polen, die dem Menschen zur Verfügung stehen, hat der Extreme einen Pol gewählt. Das andere ist ihm nicht möglich.

Man kann den Extremen nicht einfach aus diesem einseitigen Verhalten herausreden, schon gar nicht, wenn er mit seinem einseitigen Verhalten auch gewisse Erfolge erzielt hat. Wenn der Autonome sagt, sehen Sie, ich habe das Ziel mit Gewalt erreicht.

Das kann so weit gehen, dass er im Gefängnis landet.

Wenn der Heteronome sagt, bitte, dann werde ich wenigstens ein bisschen geliebt.

Das dauert bis zur nächsten Enttäuschung. Dann lauert die Depression.

13 Die Übertragung von Extremverhalten

Im Nachstehenden folgen wir jedem einzelnen Basistrieb zu einer Extrem-Entwicklung.

Die Mutter oder der Vater lebt das eigene Triebbedürfnis entweder übersteigert aus oder verhindert eine normale Triebbefriedigung beim Kind wegen der eigenen Probleme mit dem entsprechenden Basistrieb.

In beiden Fällen werden Schwierigkeiten der Eltern in dem betreffenden Trieb eine Befriedigung zu erlangen von den Eltern auf das Kind übertragen.

Im Falle des übersteigerten Verhaltens der Eltern, wird der Trieb beim Kind überlastet. Das heißt, dass das Kind für einen übermäßigen Triebmitteleinsatz eines Elternteils missbraucht wird.

Das Kind lernt auch anhand der Vorbildfunktion, dass ein übermäßiger Einsatz zum Ziel führt.

Im entgegengesetzten Falle wird die Erreichung des Triebziels unmöglich gemacht. Da das Kind die Erfahrung macht, das Ziel ist nicht zu erreichen, resultiert das praktisch in eine Hemmung des Triebmittels.

Das Triebmittel wird nicht mehr eingesetzt, weil das Ziel sowieso nicht zu erreichen ist. Zum Beispiel: kein Vertrauen, da der Wunsch nach Nähe und Liebe enttäuscht wird.

Es gibt 2 x 5 grundlegende extreme Verhaltensweisen, mit denen Eltern ihre Kinder schädigen können:

+1 Zu viel Nähe eingehen
- 1 Zu wenig Nähe

+2 Zu viele Regeln vorgeben
- 2 Zu wenig klare Regeln

+3 Zu starke aggressive Wirkung ausüben
- 3 Zu wenig Wirkung auf das geliebte Elternteil

+4 Zu hohe Leistungsanforderungen
- 4 Zu wenig Anerkennung

+5 Zu hohe Anforderung an Aufmerksamkeit
- 5 Zu wenig Zuwendung

Die Nummerierung entspricht der Entwicklung in den Kindheitsphasen:

1 = Oral,

2 = Anal,

3 = Infantil genital,

4 = Urethral,

5 = Intentional.

Mit + ist übersteigerter Triebeinsatz und

Mit - ist zu wenig Triebbefriedigung gegeben worden.

Die vorstehenden Problemstellungen können kombiniert sein. Zwei oder mehr können gleichzeitig und miteinander verzahnt auftreten. Diese vielen Kombinationen können hier nicht alle aufgeführt werden.

Im nachfolgenden wird nicht von Mutter oder Vater gesprochen, sondern von der „Bezugsperson“. Gemeint ist die Person, die für die Weitergabe eines Extremverhalten maßgeblich ist.

13.1 Depressiv

+1 Aufopferung und zu viel Bindung

Es geht um eine Situation, in der eine Bezugsperson einen starken Mangel an Liebe und Nähe hat und dieses Bedürfnis auch nicht mit einem (Ehe-) Partner befriedigen kann.

Das kann der Fall sein, wenn ein vorhandener Partner ungeeignet ist oder aber gar keiner vorhanden ist.

In dieser Situation kann diese Bezugsperson ihre Wünsche auf ihr Kind richten. Vor allem, wenn diese Bezugsperson schon einmal eine ähnliche Situation in ihrer eigenen Kindheit erlebt hat und schon einmal aufopferndes Verhalten erlebt hat, kann sie sich auf dieses Extremverhalten fixieren.

In dem Wunsch, endlich die lange vermisste Nähe und Bindung zu haben, kann sich eine Bezugsperson also auf ihr Kind konzentrieren, alles für das Kind tun und sich auch aufopfern.

Für dieses Aufopfern, kann ein Anspruch erwachsen, nach dem Motto: ′Ich tu doch alles für dich, dafür darfst du mich nicht im Stich lassen! ′

Auf der Basis, von in der Kindheit erlebten Enttäuschungen in Nähe- und Liebes-Dingen, entsteht typischerweise eine niedrige Frustrationsschwelle.

Im Wechselspiel mit dem Anspruch, der an das Kind gerichtet wird, wirkt sich das erheblich auf das Kind aus.

Wenn das Kind entwicklungsgemäß unabhängiger wird, sein Zuhause verlassen will, und dabei auch automatisch seine Bezugsperson hinter sich zurücklässt, kollidiert es nun mit dem Wunsch der Bezugsperson, das Kind fest an sich zu binden.

Wenn die Bezugsperson nun, entsprechend ihrer niedrigen Frustrationsschwelle und ihres hohen Anspruchs, nicht im Stich gelassen zu werden, verletzt reagiert und sich zurückzieht (Liebesentzug), so übt sie Druck auf das Kind aus, unselbstständig zu bleiben.

Dieser Druck einerseits und die angebotene Vollversorgung durch die Bezugsperson andererseits, halten das Kind in Abhängigkeit.

Es gibt Fälle, wo die Bezugsperson noch lange lebt. Dann kann es passieren, dass diese noch sehr lange mit dem Kind in enger Bindung zusammenlebt und das Kind inzwischen selbst alt ist. Dann hat es sein eigentliches Leben versäumt.

Wenn das Kind es dann doch endlich schafft zu Hause auszuziehen, eventuell dadurch, dass die Bezugsperson früh stirbt, steht es noch völlig unerprobt im normalen Leben. Es kennt noch nicht die wahre Liebe und Nähe ohne Abhängigkeit.

Ohne die bislang vertraute Nähe zur Bezugsperson, sucht es nun die Nähe zu einem neuen Partner.

Weil es in Abhängigkeit noch auf einer niedrigeren Entwicklungsstufe zurückgehalten wurde, muss es jetzt einerseits mit dem ungewohnten Gefühl der Einsamkeit klarkommen und andererseits sich mit Regeln zurechtfinden, die ihm fremd sind.

Geläufig ist dem nunmehr zum Erwachsenen gewordenen Kind, die selbst erlebte Aufopferungsrolle der eigenen Bezugsperson.

Angesichts seines stärker werdenden Notstands wieder einen Partner zu finden, greift er auf diese Aufopferungsrolle zurück. Er bemüht sich, tut alles für einen möglichen Partner, er verausgabt sich.

Er hat, da ihm die normale Entwicklung versagt wurde, noch kein Selbstbewusstsein in den sonst üblichen normalen Entwicklungsstufen gewinnen können.

In diesem Zustand ist der nun langsam depressiv werdende Erwachsene, nicht attraktiv für einen möglichen Partner. Andere Menschen erkennen: ´Der/die hat es nötig`.

Sie erkennen, dass diese Bemühungen nicht persönlich auf Sie gemünzt sind, sondern dem Notstand des Depressiven geschuldet sind. Dadurch verliert der Depressive seinen Wert als möglicher Partner und schreckt ab.

Die gleiche Aufmerksamkeit, die jemand einem geliebten Partner entgegenbringt, hat einen ganz anderen Stellenwert, als wenn jemand das für jeden aus einem inneren Notstand heraus tut.

Hinzu kommt, dass der Depressive es aufgrund seines Notstands eilig hat, einen neuen Partner zu bekommen. Typischerweise denkt er sehr schnell ans Heiraten. Der umworbene mögliche Partner ist jedoch meistens nicht so weit. Er fühlt sich bedrängt und zieht sich zurück.

Der Depressive spürt diese Rückwirkung auf ihn und empfindet sich als wertlos.

Dass er das Problem durch seinen Notstand erzeugt, ist ihm nicht klar. Er hält sich für 'Unwert' und das in Verbindung mit einem nun schrecklichen Einsamkeitsgefühl und mit der Vorstellung:

'Es gibt niemand auf der Welt, der für mich da ist'.

In einer Therapie kommt es darauf an, mit dem schrecklichen Gefühl der Einsamkeit zurechtzukommen und gleichzeitig so viel Geduld aufzubringen, um die nötigen und richtigen Schritte zu lernen, die zu einer Partnerschaft führen.

Dabei muss er lernen sich nicht gleich dem nächsten möglichen Partner an den Hals zu werfen, denn das würde diesen nur abschrecken.

Empfohlen wird auch, sich zunächst einmal selbst zu verwöhnen, zu lernen, dass man nicht für alle schönen Dinge im Leben eine Bezugsperson braucht.

Die beste Chance besteht darin, dass er durch die Therapie erkennt, was in seiner Kindheit abgelaufen ist, und warum er in diese Situation gekommen ist. Dann kann er erkennen, dass sein Problem seiner Kindheit geschuldet ist, und nicht daran liegt, dass er tatsächlich wertlos ist.

Wenn ein Depressiver Glück hat, schnell einen neuen Partner zu finden, so löst sich sein Problem ohne Therapie.

Bekommt er einen Partner, der seinerseits depressive Neigungen hat, so entsteht eine Partnerschaft mit gegenseitiger Anklammerung.

Eine erfolgreiche Therapie erkennt man daran, dass der Betroffene plötzlich aufhört, alles für andere zu tun. Nachdem er verstanden hat, was da abläuft und er erkennt, dass sein Verhalten sinnlos ist, lässt er es schlagartig sein.

Für seine umgebenden Menschen ungewohnt, ist er auf einmal nicht mehr so hilfsbereit. Dieser Umschwung ist typisch für eine erfolgreiche Therapie und gilt nicht nur für depressives Extremverhalten.

Sich jahrelang um andere Menschen zu bemühen und ihnen irgendwie Gefälligkeiten und Hilfen zu erweisen, ist anstrengend.

Nachdem eingesehen wurde, dass es vergebens ist, wirkt sich nun die Überanstrengung aus. Der Betreffende verliert absolut die Lust dazu, sich für jemand zu verausgaben.

Dieser Aufstau von Überanstrengung führt dann, wie bei jedem übersteigertem Extremverhalten, in der Therapie, zum Gegenteil.

In diesem Moment bremst der Psychotherapeut und rät in diesem Moment, es nicht zu übertreiben. Damit der Betreffende jetzt nicht seine sozialen Kontakte zerstört.

Während sonst der Sinn einer Therapie ist, dass der Betreffende selbst einsieht, warum er sich ändern sollte, kommt es jetzt jedoch auf Beratung an.

Bei erfolgreicher Therapie stellt der Depressive dann seine Helfer-Bemühungen für potentielle Partner ein. Stattdessen muss er nun lernen, wie man schrittweise, langsam einem anderen Menschen näherkommt.

Wenn ihm nun, im Akutfalle, sein Problem und seine Angst ständig bewusst ist, vom anderen beim Kennenlernen abgelehnt zu werden, dann kann er endlich darauf verzichten, in sein altes Extremverhalten zurückzufallen.

Dafür muss er sich seines Problems ständig bewusst sein und in der Lage sein, das auszuhalten. Wenn ihm nun noch, nach tiefgehender Therapie, seine Verdrängung bewusst geworden ist, nämlich dass auch seine Bezugsperson ihn nicht echt seiner selbst wegen geliebt hat, sondern ihn als Partnerersatz nur dringend gebraucht/missbraucht hat, dann hat er das Schlimmste erlebt, was ihm die meisten Schmerzen verursacht hat, und was er verdrängt hat.

Dagegen sind die Schmerzen, die er nun erleben könnte, wenn ein möglicher Partner ihn nicht will, leichter auszuhalten.

Zum Beispiel mit einem Kennenlernen-Rollenspiel mit einem Rollentausch kann er nachfühlen, wie es ist, wenn man von einem ungeduldigen Bewerber überrollt wird und was bei Kontakten angebracht ist.

13.2 Distanziert

- 1 Vermeidung von Nähe

Wenn die Bezugsperson im Verhältnis zu ihrem Kind (und höchstwahrscheinlich auch zu ihrem Partner) immer einen inneren Abstand hält, nicht warm, herzlich und nahe sein kann, so hat sie selbst in ihrer Kindheit extremste Enttäuschungen damit erlebt.

Diese Enttäuschungen sind äußerst schmerzhaft und führen dazu, einer solchen Situation künftig konsequent aus dem Wege zu gehen.

Wenn sich körperliche Nähe nicht vermeiden lässt, dann verbleibt noch immer eine innerliche Distanzierung, eine Kälte.

Für ein Kind, das doch Nähe, Geborgenheit und das Mitfühlen seiner Bezugsperson braucht, ist das schrecklich. Das Kind wird dann seinerseits solchen Gefühlen aus dem Weg gehen.

Ein wesentlicher Teil von Nähe und Geborgenheit ist verbunden mit Empathie. Eine Bezugsperson, die mit ihrem Kind mitfühlt, kann genau in dem Moment Geborgenheit vermitteln, wo es nötig ist.

Ein Kind, dass kein Mitfühlen mit ihm kennengelernt hat, das in Notsituationen alleingelassen wurde, wird diese für ihn äußerst schmerzhaften Momente verdrängen.

Es wird dann bei ähnlichen Situationen seines Kindes ebenfalls ohne Empathie sein.

Zur Empathie gehört, schlimme Situation des anderen mitempfinden zu können. Wenn die begleitenden schlimmen Gefühle in einer solchen Situation verdrängt sind, können sie nun auch für das Kind nicht mitempfunden werden.

Das selektive Distanzieren, dass nur unter bestimmten Umständen auftritt, wird dagegen als Waffe benutzt. Wenn die Bezugsperson das häufig als Strafe verwendet, kann sie hohen Druck auf das Kind ausüben (übrigens genauso wie gegen ihren (Ehe-)Partner).

Wenn diese Situationen für das Kind sehr schlimm sind, so fallen sie selektiv auch unter die Verdrängung. D. h. wieder, wenn das Kind selbst erwachsen ist und das gleiche Kampfmittel einsetzt, kann es in diesen speziellen Momenten nicht mehr mit seinem Kind (und auch nicht mit seinem Partner) mitempfinden.

Daraus ergibt sich auch für die Partnerschaft ein Problem. Gerade in dem Moment des Ehekriegs, wo man dem Partner etwas antut, fehlt jedes Mitgefühl.

Hier gibt es jedoch eine Chance für den Partner. Wenn er zeigen kann, wie schlimm es für ihn ist, wenn er mit einem Kampfmittel getroffen wird, so hat der Angreifer die Chance zu erkennen, was er dem anderen gerade antut und dann von weiteren Angriffen absehen.

13.3 Dominierend

+2 Zu viele autoritäre Regeln

Normalerweise dominiert eine Bezugsperson durch die Aufstellung einer Reihe von Regeln. Was man generell im Tagesablauf zu tun hat, was unter bestimmten Situationen zu tun ist. Das ist für einen geordneten Ablauf im Haushalt auch unerlässlich.

Das Abgleiten in ein ungeregeltes Chaos ist ebenfalls ein Extremverhalten, das noch später angesprochen wird.

Gemeint ist hier das übersteigerte Bedürfnis der Bezugsperson, die 100-prozentige Kontrolle über das Kind auszuüben. Das Befolgen diverser Regeln wird meistens mit der Androhung von Strafen durchgesetzt.

Die Bezugsperson kann über das komplette Leben des Kindes bestimmen. Wann aufgestanden wird, was gegessen wird, wann und wie Schularbeiten gemacht werden, wann und wie aufgeräumt wird im Kinderzimmer, wann, wie und ob Fernsehen geguckt wird, wann und mit wem gespielt wird, wann schlafen gegangen wird.

Es kann so weit gehen, dass das Kind nichts selbst bestimmen kann.

In diesem Fall wird das Kind eine heftige Trotzphase durchleben und wenn die Kontrolle noch weiterhin anhält, so wird das Kind frühzeitig das Elternhaus verlassen, um endlich über sich allein bestimmen zu können.

Es gibt auch die Möglichkeit, dass das Kind es schon frühzeitig schafft, sich mit aller Kraft gegen die Bezugsperson durchzusetzen, wenn die Bezugsperson unsicher ist, ob sie das Richtige tut.

In diesem Fall ist das Kind von Anfang an auf die übersteigerte Art sich durchzusetzen fixiert und wird damit später dominant werden (Triebziel 2).

Häufig wird Dominanz mit Hilfe von Aggressionen durchgesetzt (+3 für 2) *.

(* Die Ziffern mit + sind übersteigerte Triebmittel für ein Triebziel. 3 ist Anstreben/Erkämpfen, 2 ist Machtausübung)

13.4 Zwanghaft

- 2 Durch unklare Regeln keinen Rückhalt

Für dieses Extremverhalten muss etwas ausgeholt werden. Der Wunsch, etwas zu bestimmen, befindet sich nicht im luftleeren Raum. Man kann nicht Unmöglichkeiten bestimmen.

Alter Spruch: ′Das Wasser läuft nicht die Rinne hinauf, nur weil man das so will′.

Um nicht hinzufallen, muss man das Gleichgewicht halten. Das ist etwas was kleine Kinder lernen müssen. Helfende Anweisungen an das Kind müssen mit den Naturgesetzen übereinstimmen, um richtig zu sein.

Die Frage, was richtig ist und was nicht, korreliert direkt mit den Naturgesetzen. Ähnliches gilt für soziale und moralische Vorschriften. Bestimmte asoziale Verhaltensweisen sind einfach, im Sinne eines guten Zusammenlebens, falsch.

Aus diesen Umständen ergibt sich ein Rahmen, innerhalb dessen man nur etwas bestimmen kann. Beim Bestimmen kann man nicht gegen die Naturgesetze verstoßen und ein Verstoß gegen die wichtigsten sozialen Regeln ist ebenfalls unmöglich.

Der Wunsch, Recht haben zu wollen, ist eng mit dem Wunsch, etwas bestimmen zu wollen, verknüpft. Die Welt richtig gesehen zu haben, die sozialen Vorschriften richtig verstanden zu haben, also richtig zu liegen, ist annähernd so gut, wie etwas zu bestimmen.

Da man dann in Übereinstimmung mit der Realität ist, ist dann auch die eigene Vorstellung, das eigene Wollen synchron.

Der ′Rechthaber′ hat den Vorzug, dass das, wie er die Dinge gesehen hat, richtig war, und nun die anderen sich auch nach ihm richten müssen, weil er mit seiner Meinung richtig gelegen hat.

Recht gehabt zu haben, ist quasi der Triumph des Schwächeren, der ansonsten in der Kindheit oft zurückstecken musste, weil er sich der starken Bezugsperson sehr oft unterordnen musste.

Nun spielt die Frage, was richtig oder falsch ist, auch in der Kindererziehung eine große Rolle.

Eine Bezugsperson kann so unsicher sein, dass sie den Machtkampf mit einem übersteigert autonomen Kind verliert, wie im vorigen Kapitel beschrieben.

Sie kann aber auch diese Unsicherheit im Kind erzeugen. Wenn die Bezugsperson dem Kind vermittelt, dass es etwas bestimmtes, oder gar ganz generell alles, falsch macht.

Das kann so weit gehen, dass das Kind ständig in der Angst lebt, etwas falsch zu machen. Das ist vor allem dann der Fall, wenn schlimme Konsequenzen drohen. Die schlimmste Konsequenz hierbei ist, wenn die Bezugsperson ihre Liebe entzieht (-2 -1) *.

(* Die Ziffern sind die Nummern der Basistriebe, die miteinander kombiniert sind, mit – sind es die Kampfmittel der Bezugsperson, 2 Druck gegen 1 Bedürfnis nach Nähe und Liebe.)

Das kann einmal wie üblich der Fall sein, wenn die Bezugsperson durch Verhalten des Kindes in einem empfindlichen Punkt mit niedriger Frustrationsschwelle getroffen wird oder die Bezugsperson generell die Neigung dazu hat, das Kind für etwas Bestimmtes verantwortlich zu machen.

Gerade in diesem Fall hat das Kind kaum eine Chance dem Vorwurf, an etwas bestimmten Schuld zu sein, zu entkommen. Die Bezugsperson will, dass das Kind an etwas schuld ist, damit sie sich selbst nicht schuldig fühlen muss.

Dabei hat die Bezugsperson in einem gewissen Sinne recht, wenn das Kind nicht existieren würde, dann würde auch ihr Problem nicht existieren.

In meiner eigenen Therapie habe ich festgestellt, dass meine Mutter Schwierigkeiten hatte ihre Kinder zu lieben. Sie bemühte sich darum mit aller Kraft, aber es gelang nicht.

Dabei verfiel sie auf den Gedanken, dass es an mir, ihrem Kind liegen müsse, dass sie mich nicht richtig lieben kann.

Also habe ich mich bemüht, als kleines Kind von etwa drei Jahren, alles für sie zu tun, damit sie mich lieben könne.

Ihre Anforderung lautete, wenn du alles richtig machst, dann liebe ich dich. Das war leider nicht wahr, denn sie konnte mich sowieso nicht lieben und meine Versuche, ihr alles recht zu machen, waren vergebens.

Die Funktion jemanden zum Sündenbock zu machen, kommt leider nicht so selten vor, und ist dem Umstand geschuldet, dass Kinder verantwortlich gemacht und bestraft werden können, wenn sie etwas falsch gemacht haben.

Als Erwachsener verbleibt dann die Angst, etwas falsch zu machen und es wäre einem lieber, jemand anderes wäre schuld.

Als Ergebnis der (ungerechtfertigten) Beschuldigung durch eine Bezugsperson kann im Extremfall ein Mensch entstehen, der ständig Angst hat, etwas falsch zu machen.

Er ist dann unfrei in seinen Handlungen. Seiner Angst folgend, ist er darauf ausgerichtet alles richtig zu machen.

Statt seinem eigenen Willen folgen zu können, folgt er nur noch diesem Prinzip.

Wenn er den Grund für seine Angst verdrängt hat, dann weiß er nicht mal, warum er das tut. Es verbleibt das Befolgen von Zwängen, die ihn beherrschen, ohne dass er weiß warum.

In dem Bestreben, sich nicht schuldig zu machen, kann es zu übertriebenen Ritualen kommen.

Wenn der Betreffende die eigentliche Problemstellung verdrängt hat, die zu seinem Schuldgefühl gehört und er nur noch ein diffuses Gefühl hat, etwas falsch zu machen, behilft er sich damit bestimmte Regeln besonders penibel zu befolgen, die er in der Kindheit einmal gelernt hat.

Zum Beispiel das Händewaschen. Bakterien, die ja zu gefährlichen Krankheiten führen können, sind besonders geeignet um diffuse Gefühle auf sich zu fixieren. Hier gibt es reale Umstände, die es zweckmäßig erscheinen lassen, sich auf penible Hygiene hin auszurichten.

Indem der Betreffende sich immer wieder die Hände wäscht, hat er endlich etwas Reales, was er tun kann, um sich sicherer zu fühlen.

In meiner eigenen Therapie konnte ich erleben, wie schwierig es ist, aus einer derartigen Problemstellung heraus zu kommen. Das, was ich verdrängt hatte, dass meine Mutter mich damals nicht geliebt hat, ist mir erst viele Jahre später nach intensiver Therapie bewusst geworden.

Dann war ich in der Lage das Gefühl, nicht geliebt zu werden, auszuhalten. Bis dahin habe ich auf Grund einer niedrigen Frustrationsschwelle immer sehr empfindlich darauf reagiert, wenn ein Partner mich nicht liebevoll behandelt hat.

Das Problem dabei: Obwohl mein Gefühl verdrängt war, habe ich darauf kämpferisch reagiert. Gerade weil verdrängt, war meine Reaktion darauf umso heftiger und unkontrollierter.

Generell: Verdrängte Erlebnisse sind nicht verschwunden. Sie bringen uns gerade dazu, bei gleichartigen Situationen schnell in die Kindheitsverletzungen zurückzufallen.

Dabei verliert man mit dem Verletzungsgefühl jeden Überblick.

Die Zusammenhänge sind ja immer noch verdrängt, wenn die Situation in der Gegenwart ähnlich ist, wie damals in der Kindheit.

Das heißt, eine gegenwärtige gleichartige Situation verletzt immer noch genauso stark, wie in der Kindheit (nämlich mehr als jetzt angebracht ist).

Auf diese Weise unterhält die Kindheit mit ihren Problemen auch aktuell in der Gegenwart gleichartige Probleme.

Erst nach dem mir das bewusstwurde, hatte ich meine Reaktionen unter Kontrolle und konnte anders reagieren. Künftig war mir jetzt jederzeit sofort bewusst, dass ich mich nicht geliebt fühlte und ich konnte das aushalten, ohne durch kämpferisches Verhalten die Situation verändern zu wollen.

Meine Empfindlichkeit führte bis dahin zu einer Kampfreaktion, die das Problem nur noch mehr verkompliziert hat.

Wie soll mich jemand liebevoll behandeln, wenn ich häufig kämpferisch mit ihm umgehe? Wenn ich ihn gar unter Druck setze, mich lieben zu müssen oder er hat unter meinem Kampfmodus zu leiden?

Auf diese Weise hatte ich mein Problem aus der Kindheit in meine Erwachsenenzeit überführt.

Ein anderer Fall ist eine tiefe Ängstlichkeit, deren Ursache verdrängt ist, weil sie einmal in der Kindheit traumatisch war. Sie kann dazu führen, bei allem und jedem, Angst zu haben.

Eine Ursache kann zum Beispiel sein, auf Grund einer Unachtsamkeit einer Bezugsperson, fallen gelassen worden zu sein. Dieser plötzliche Verlust jedes Sicherheitsgefühls ist traumatisch für das Kind.

Das unverhoffte Fallgefühl verbunden mit dem anschließenden Aufschlag auf dem Boden und dem plötzlichen erheblichen Schmerz entzieht dem Kind jede vertrauensvolle Sicherheit.

Dieses Gefühl plötzlich keine Sicherheit mehr zu haben, buchstäblich von der Vertrauensperson fallen gelassen worden zu sein, kann ein ganzes Leben beeinflussen.

Nach der Verdrängung verbleibt eine diffuse Angst vor irgendetwas. Im Versuch diese Angst zu bewältigen, wird versucht sie mit etwas zu verknüpfen.

Zum Beispiel ist bekannt, dass es Einbrecher gibt, die unverhofft in das vertraute Heim eindringen könnten.

In dem Bestreben, die Angst an etwas fest zu machen, werden Türen dreimal verschlossen, am besten mit drei Schlössern und dreimal geguckt, ob die Tür auch wirklich zugeschlossen ist.

Rituale geben ganz allgemein Sicherheit. Indem man sie befolgt, tut man etwas, was man schon lange gemacht hat und was schon oft funktioniert hat. Das kann nicht falsch sein!

Darüber hinaus sind Rituale in der Kindererziehung auch ohne Extremeinstellung zweckmäßig. Kinder gewöhnen sich daran und folgen ihnen bereitwillig.

Zum Beispiel abends nach dem Abendbrot, waschen, Zähne putzen, Gute-Nacht-Geschichte vorlesen, Schlafen gehen.

Der Unterschied zwischen Normalen und Extremen liegt darin, wenn Rituale übertrieben und eigentlich sinnlos sind.

Das Befolgen von Regeln, die an die Realität angepasst sind, sind dagegen zweckmäßig. Auch das Erkennen von Naturgesetzen und technischen Zusammenhängen ist von Vorteil, um sich in seiner Umwelt zurechtzufinden und sicher zu fühlen.

Menschen, die das zwanghafte Problem in geringerem Maße haben, haben gelernt, dass das Übereinstimmen mit Naturgesetzen und grundlegenden Gesetzmäßigkeiten entscheidend ist, um mit der Realität klarzukommen.

Wenn eine leichte Zwanghaftigkeit in Bezug darauf besteht, die Realität so zu sehen, wie sie wirklich ist, so ist das sogar ein großer Vorteil im späteren Berufsleben.

Aus diesem Grund sind solche Menschen im Berufsleben zuverlässige Arbeitskräfte und wegen ihres Realitätssinns auch Wissenschaftler.

Eine Variante die zu Klaustrophobie führen kann ist folgendes.

Wer als Kind stark einengenden und einschränkenden Regeln unterworfen wurde, die einen Basistrieb unterdrücken und der Betreffende keinen Ausweg sieht, dem zu entkommen, dann kann er dieses Problem verdrängen.

In einem Fahrstuhl nun kann er sein Problem am ehesten wiederfinden. Wenn er nun an die diffuse Angst denkt, die er noch empfindet, dann schlägt sie in diesem Moment zu.

Hier im Fahrstuhl ist man sehr eingeengt. Man hat keine Bewegungsfreiheit. Das ist so ähnlich, wie in der ursprünglichen Problemsituation.

In der Verhaltenstherapie werden Phobien erfolgreich wegtrainiert, jedoch meist ohne sich darum zu kümmern, warum sie entstanden sind.

13.5 Aggressiv

+3 Zu starke aggressive Wirkung ausüben

Im Gegensatz zum vorigen Kapitel geht es hier um eine ganz andere Welt.

Dort, wo plötzliche Wutausbrüche der Bezugsperson auf einen Schlag die ganze Welt eines Kindes beherrschen, wenn es plötzlich heftig geschlagen wird, verliert die ganze übrige Realität schlagartig an Bedeutung.

Auch wenn das Kind selten geschlagen wird, aber durch eine plötzliche aggressive Aktion wie Anbrüllen die Angst vor Schlägen ausgelöst wird. Dann sind die Situationen stimmungsabhängig statt regelbasiert.

Anstatt Regeln, sind Stimmungen entscheidend. Zu erkennen, wann die Bezugsperson schlechte Laune hat, wann sie kurz vor einer Explosion steht.

Es kommt darauf an, die Bezugsperson nicht zu reizen, man riskiert sonst eine Explosion. Ein Mensch, der in dieser chaotischen Gefühlswelt, in der wenig feste Regeln existieren, zurechtkommen muss, nennt man histrionisch.

Ein Kind wird naturgemäß weinen, wenn es Opfer eines aggressiven Ausbruchs wird. Wenn das eine Wirkung auf die Bezugsperson hat, etwa, dass ihr das Kind leidtut oder sie ein schlechtes Gewissen bekommt, dann hat das auch Auswirkungen auf das Kind.

Das Kind, das zunächst hilflos unter den aggressiven Ausbrüchen leiden muss, kann erkennen, dass es seinerseits auch eine Wirkung auf die Bezugsperson ausüben kann. In dem es mehr und mehr auf dramatische Art das eigene Leiden übertreibt, kann es die Bezugsperson beeinflussen.

Auf diese Weise kann das Kind durch die Hintertür eine Wirkung auf die übermächtige Bezugsperson ausüben.

Während das Kind anfangs nur die eigenen (schlimmen) Gefühle zeigte, lernt es nun, diese zu übertreiben. Je stärker es diese übertreibt, umso besser der Effekt.

Hinter diesem verstärkten Vorführen von Gefühlen treten die echten Leidens-Gefühle immer mehr zurück. Je schlimmer diese waren, umso eher fallen sie unter die Verdrängung.

Das Vorführen von Gefühlen, die nicht mehr echt empfunden werden, ist für das Kind die angenehmste Kombination. Schließlich kann ein Mensch verbleiben, dessen echte Gefühle hinter den gezeigten völlig in den Hintergrund treten.

Dabei kann es noch eine zusätzliche Komplikation geben. Das Kind wird die aggressive Bezugsperson wahrscheinlich anfangen zu hassen und das Zeigen dieses Gefühls ist nicht angebracht, da es voraussichtlich die Bezugsperson noch mehr reizt.

Das bedeutet, dass das Kind sich angewöhnen muss, diese tatsächlich empfundenen Gefühle vor der Bezugsperson zu verstecken, während es nach außen hin etwas anderes zeigt (+1 -3) *.

(* +1 bedeutet (vorgetäuschte) Nähe, -3 bedeutet gestörtes Triebziel 3 (Anstreben/Erkämpfen) des Kindes.)

Als Erwachsener hat das Kind es dann schwer, von dieser unechten Art, Gefühle zu zeigen, herunter zu kommen. Manche Menschen können bei dieser Problemstellung eine Meisterschaft darin erringen, andere Menschen zu manipulieren. Wenn sie damit Erfolg haben, fixiert sich das Verhalten immer mehr.

Es gibt eine Variante, wo das Kind zu einer attraktiven Frau heranwächst. In diesem Falle kann die Attraktivität mit für die Manipulation verwendet werden.

Diese Art von Erotik ist jedoch gewissermaßen unecht. Sie dient nicht dem normalen Zweck einer sexuellen Begegnung, sondern wird für die Beeinflussung anderer missbraucht.

Häufig wird sie auch dazu benutzt im Mittelpunkt zu stehen.

In einer Therapie braucht es eine stabile Vertrauensbasis für den Betreffenden, damit er sich traut, zu seinen echten Gefühlen zu stehen.

Eine leichtere Version dieser Problemstellung ist die ′Drama Queen′. Sie beschränkt sich darauf, ihre verletzten Gefühle etwas dramatisch zu überhöhen.

Der Übersteigernde geht einen anderen Weg.

Er will als Sieger aus dem Kampf hervorgehen. Dort wo er nicht einfach der stärkere ist und den Gegner niederschlägt (aggressiver Psychopath) (+ 3), wird er hinterhältig und will mit unfairen Mitteln gewinnen.

Ein aggressiver Psychopath ist meistens ein Mann, weil er körperlich stärker ist, als eine Frau, während diese dann notgedrungen eher zur List greift.

Es gibt noch eine Variante, die sich innerhalb eines gewissen Rahmens bewegt. Nach außen hin wird (anscheinend) der Rahmen dessen, was man tun sollte, im Sinne eines Sozialverhaltens, eingehalten. Aber im Inneren läuft es anders ab.

Nachdem der Betreffende gelernt hat, dass soziale Regeln im Austausch mit der Bezugsperson nichts bringen, weil diese einfach zu chaotisch ist und/oder ein Hass auf die Bezugsperson entstanden ist, dann kann es sein, dass der Betreffende keine echte soziale Verbindung zu anderen Menschen verspürt.

In dem oben genannten Rahmen wird der Anschein erweckt, man wäre sozial eingestellt, aber in Wirklichkeit wird gelogen und betrogen.

Die innere Ablehnung anderer Menschen macht es leicht, sich an keine sozialen Regeln halten zu wollen. Eventuell unterstützt von der Vorstellung, sowieso immer zu kurz zu kommen und sich dafür einen Ausgleich holen zu wollen.

Der Betreffende ist dann dissozial geworden.

13.6 Zurücksetzend

-3 Zu wenig Wirkung auf die Bezugsperson

Die Ausübung von Wirkung des Vaters auf die Tochter und der Mutter auf den Sohn hat (vgl. Freud) eine kindlich-sexuelle Komponente. Das spielt eine Rolle bei der Ausübung von Wechselwirkungen.

Auch der Sohn sollte auf die Mutter und die Tochter auf den Vater eine gewisse Wirkung ausüben.

Zum Beispiel, wenn im Alter von 3-4 Jahren der Sohn der Mutter erklärt, dass er sie später einmal heiraten möchte, dann sollte sich die Mutter dem Sohn einen Moment gerührt zuwenden.

Das vermittelt dem Kind ein Gefühl des Angenommenseins und der Vollwertigkeit, dass es für eine Entwicklung des Selbstbewusstseins braucht.

Diese Art der liebevollen Zuwendung sollte beiden Elternteilen mit jedem Kind möglich sein, dann entsteht idealerweise nicht die folgende extreme Konkurrenzsituation.

Wenn ein Kind eine Bestätigung in dieser Weise nicht bekommen hat und stattdessen erlebt, dass ein Bruder oder eine Schwester bevorzugt wird, dann glaubt es, dass dieser Konkurrent um die Liebe der Mutter oder des Vaters gewonnen hat und nur es zurückgesetzt wird.

Eine solche Konkurrenzsituation kann sogar als Sohn gegen den Vater oder als Tochter gegen die Mutter entstehen (siehe Freud).

Wenn aber die Bezugsperson ein Kind vorzieht, etwa, weil es das jüngste ist und daher auch mehr Zuwendung braucht oder wenn die Bezugsperson speziell auf einen Sohn oder auf eine Tochter wartet und dann dieses Kind bevorzugt, ist das für die anderen Kinder ein Zurücksetzen.

Beim anderen Kind/bei den anderen Kindern entstehen Aggressionen, weil sie denken, dass der Konkurrent mehr von der Bezugsperson geliebt wird. Obwohl das bevorzugte Kind nichts dafürkann, wird es zum Ziel der Aggressionen.

Bei den zurückgesetzten Kindern kann dies im Erwachsenenalter zu einer niedrigen Frustrationsschwelle in Bezug auf Ungerechtigkeiten und in jeder Rivalitätssituation zu einer aggressiven Haltung führen.

Ist der Gegner jedoch kein Konkurrent, sondern nur die geliebte Bezugsperson selbst, wird es besonders problematisch.

Wenn nett gemeinte Annäherungsversuche, missverstanden werden und mit schweren Aggressionen (Schlägen) beantwortet werden, dann wird das Kind zunächst traurig und dann auch aggressiv.

Wenn sich nun die Aggressionen gegen die geliebte Bezugsperson richten, wie soll man sie dann lieben, geschweige denn zurück geliebt werden.

Dies ist ein schreckliches Dilemma für das Kind. Und der nächste Schritt ist, die Liebesbedürftigkeit zu verdrängen.

Wenn nun nur noch die Aggressionen übriggeblieben sind und der Betreffende nicht mehr weiß, wieso er sie hat, dann bekommt er die Aggressionen einfach so.

Wenn ihm jemand im Weg steht, wenn ihn jemand schief anguckt (+ 3).

Auf diese Weise wird aus einem Schläger-Vater auch ein Schläger-Sohn.

Im Prinzip gilt das natürlich auch für Frauen, jedoch mit der Einschränkung, dass sie in der Regel körperlich schwächer sind als ein männlicher Partner, sodass sich ihre Schläge nur gegen ihr schwächeres Kind richten können.

13.7 Überfordernd

+4 Zu hohe Leistungsanforderungen

Es gibt viele Bereiche, in denen Kinder Unterweisung, Unterstützung und Ermunterung brauchen können, damit sie sich grundlegende Fähigkeiten aneignen können.

Wenn eine Bezugsperson die höchsten Leistungen des Kindes wünscht und immer genügend Anerkennung gibt, versucht das Kind normalerweise immer, sein Bestes zu geben.

Wenn das Kind es dann aber nicht schafft, hohe Anforderungen der Bezugsperson zu erfüllen, wird es schwierig. Vor allem, wenn es in der Schule nicht die guten Leistungen erbringen kann, die gewünscht werden, wird es problematisch.

Eine Bezugsperson kann die Leistung seines Kindes auf sich selbst beziehen. So wie ein Erzieher auf die guten Leistungen seines Kindes stolz ist, kann er betrübt über schlechte Leistungen sein.

Wer an sich selbst hohe Anforderungen stellt, stellt diese oft auch an sein Kind. Ein Kind, das dem nicht genügen kann, kann sehr schnell ein schlechtes Selbstbewusstsein bekommen.

Gibt es im Falle des Versagens eine Bestrafung, kann dies im Zusammenhang mit der Art der Bestrafung erst recht zu einem Problem werden.

Auch wenn die Bezugsperson mit dem eigenen Erfolg nicht zufrieden ist, kann sie ihre Unzufriedenheit auf das Kind übertragen.

Der übersteigerte Ehrgeiz der Bezugsperson kann leicht auf das Kind übertragen werden.

13.8 Herabwürdigend

-4 Zu wenig Anerkennung für Leistungen

Wird die Leistung des Kindes nicht ausreichend gewürdigt und als schlecht kritisiert, kann das Kind entweder aufgeben oder versuchen, sich durch Übersteigerung zu beweisen (+ 4).

Eine Bezugsperson, die Minderwertigkeitsgefühle hat, kann sich überlegen fühlen, indem sie andere herabsetzt.

Weil andere klein sind, wird sie größer. Dadurch wird das Minderwertigkeitsgefühl auf das Kind übertragen.

(Gestörtes Triebziel -4).

Natürlich kann ein kleines Kind noch nichts besser als ein Erwachsener. Die Bezugsperson mit Minderwertigkeitsgefühlen hat also jede Menge Gelegenheit, sich als Fähiger hinzustellen und das Kind schlecht zu machen.

Eine Bezugsperson, die in dieser Beziehung keine Probleme hat, kann viel leichter dem Kind für kleine Fortschritte Anerkennung geben.

Wenn Leistungen nicht anerkannt werden, dann kann es zu völliger Interesselosigkeit an Leistung führen. Wozu sich anstrengen, wenn man doch nicht gelobt wird.

Unter diesen Umständen kann aber eine Ausrichtung auf das Materielle entstehen. Das heißt, es lohnt sich nur etwas, wofür man Geld bekommt.

13.9 Aufmerksamkeitsheischend

+5 Zu hohe Anforderung an Aufmerksamkeit

Im Prinzip vergleichbar mit dem Depressiven, wo die Bezugsperson ihr Kind für ihr Nähebedürfnis überbeansprucht, wird hier das Kind mit einer Aufmerksamkeitsanforderung überbeansprucht.

Während der Depressive das Kind meist mit Liebesentzug unter Druck setzt, setzt der Aufmerksamkeitsheischende das Kind meist mit Ignorieren unter Druck.

Der Aufmerksamkeitsheischende gleicht ein Mangel an Zuwendung und Aufmerksamkeit, die er einmal als Kind nicht bekommen hat, durch eine übersteigerte Anforderung aus.

In Bezug auf sein jetzt eigenes Kind/Kinder kann er eine Regel etablieren:

´Sei jederzeit aufmerksam gegenüber den Eltern (vor allem mir gegenüber) und beachte was wir sagen!´

Mit dieser Regel erzwingt er wichtig genommen zu werden.

Das Einführen einer solchen Regel liegt vor allem dann nahe, wenn sie schon bei den eigenen Eltern erlebt wurde und auch moralisch untermauert wurde.

Es gibt die moralische Regel:

´Behandele die Erwachsenen/Älteren mit Respekt und höre darauf, was sie sagen!´

Diese Regel kann mit autoritärem Druck untermauert werden.

Wenn diese Regel erfolgreich etabliert ist, kann der Aufmerksamkeitsheischende jederzeit gewiss sein, dass er die Aufmerksamkeit bekommt, die er in seiner Kindheit nicht bekommen hat.

Wenn der Aufmerksamkeitsheischende ein Vorbild (bei Vater oder Mutter) hatte, ist es besonders leicht dem zu Folgen und als Druckmittel das zu verwenden, was er selbst erlebt hat.

Das kann neben dem Abwenden und Ignorieren autoritärer Druck sein:

´Wenn das Kind mir die Beachtung nicht geben will, (die ich doch seit immer dringend brauche) und was mir doch nun als Vater/Mutter endlich zusteht, dann will ich gar nicht mehr – nur Abwenden und Kontaktabbruch´.

Wenn dieser Kontaktabbruch lange anhält, dann ist das ein gewaltiger Druck für das Kind.

Wenn nun ein Kind erfolgreich der Beachtungs-Regel unterworfen wurde (entsprechend gefügig gemacht wurde), dann kann eine starke überanstrengende Belastung seiner Aufmerksamkeitsfähigkeit erfolgen.

Diese Überanstrengung bietet wieder die Voraussetzung dafür, später wieder mit den eigenen Kindern bei Verärgerung die Aufmerksamkeit einzustellen und sich abzuwenden.

Es kann eine starke Überlastung der Aufmerksamkeitsfähigkeit auch generell zu dem Wunsch führen, nicht mehr aufmerksam sein zu wollen (gestörtes Triebmittel 4 für Triebziel 5).

Dies kann sehr negative Folgen haben, wenn das Kind später erwachsen und selbst Vater oder Mutter geworden ist. (Siehe nächstes Kapitel 13.10.)

Autoritäre Druck kann zusätzlich zu Dominanz-Problemen führen, wie im Kapitel 13.3 beschrieben.

Das Kampfmittel, sich abzuwenden und den Kontakt abzubrechen, kann auch genauso gut im (Ehe-)Krieg gegen den Partner eingesetzt werden, wenn der Betreffende verletzt wird. Und das ist normalerweise der Fall, wenn er nicht genug Aufmerksamkeit erhält.

Abgesehen von Übertragungsproblemen in Bezug auf seine Kinder versucht ein Aufmerksamkeitsheischender oft auch, Aufmerksamkeit durch *sehr* gute Hilfe-Leistungen zu gewinnen.

In einer sehr extremen Variante sucht der Betreffende mehr Aufmerksamkeit durch Clownerie oder auffälliges Verhalten. Manchmal wird er dann auch zum Hochstapler (+5).

13.10 Ignorierend/enttäuschend/irritierend

-5 Zu wenig Zuwendung

Das Ignorieren der Sorgen des Kindes, die Weigerung, auf das Kind zu achten oder sogar die Anwesenheit des Kindes zu ignorieren, kann das Kind nachhaltig beeinflussen.

Das Kind bekommt das Gefühl, dass es nicht wichtig ist. Das Kind kann aufgrund dieses Gefühls dann keine Aufmerksamkeit in Anspruch nehmen. Das ist aber sehr wichtig für das Begründen von Kontakten in allen Lebensbereichen.

Davon abgesehen ist es ein sehr schmerzhaftes Gefühl, für eine Bezugsperson unwichtig zu sein.

Auch in der oralen Phase haben Babys Aufmerksamkeit. Diese Aufmerksamkeit folgt einer Linie, die mit einem Reiz beginnt.

Im positiven Fall führt dieser Reiz (z.B. Licht, Bewegung, Hautkontakt) zu weiteren angenehmen Empfindungen, wie einem Gefühl der Geborgenheit und Befriedigung durch das Stillen.

Diese Abfolge vom Reiz bis zur Zufriedenheit setzt sich später in Bezug auf die Linie fort: Reiz – Weg finden – Zufriedenheit.

Bzw. später als Erwachsener Neugier - sich etwas Neuem zuwenden - etwas Interessantes (heraus-)finden - eine Absicht dadurch entwickeln und damit etwas anfangen.

Stört eine Bezugsperson diesen Ablauf durch Ignorieren /Enttäuschen, wird die Aufmerksamkeitsspanne des Kindes überlastet.

Führt das Aufrechterhalten der Aufmerksamkeit nicht zum Ziel (z. B. keine Befriedigung nach dem Eintreten in die Reihe mit Reizen und dem Finden des Weges), lernt das Kind früh, Mühen und weiteres Interesse an neuen Reizen lohnen sich nicht.

Ein solches Kind wird neue Reize und Chancen im späteren Leben nicht nutzen, nach dem Grundsatz ′Es lohnt sich nicht′. Das Kind wird schizoid [3]. Auch eine dauerhafte Partnerschaft wird häufig als nicht lohnend eingestuft. Wegen dieser Kontaktschädigung (-5) in frühester Kindheit, ist das schwer behandelbar.

Die Aufmerksamkeitsspanne kann beim Baby in frühester Kindheit wie vorstehend geschildert überlastet werden, sie kann aber auch später als kleines Kind durch eine aufmerksamkeitsheischende Bezugsperson belastet werden.

Variante: Wenn ein Kind total überlastet wurde, dann kann es als Erwachsener später bei den eigenen Kindern die Aufmerksamkeitsansprüche abwehren, indem es sein Kind bewusst irritiert und verwirrt, sodass es seine Linie verlässt (mit Reizen und Wegfindung) und letztendlich nicht mehr weiß, wie es die Linie zu Ende bringen soll.

Auf diese Weise kann eine Bezugsperson sich selbst vor Aufmerksamkeits-Anforderung des Kindes schützen und gleichzeitig das Kind besonders stark belasten.

Damit kann das Problem immer wieder an die folgenden Kinder weitergegeben werden.

Eine Variante, die zu Phobien führen kann, ist folgendes:

Die Bezugsperson hat einen Aufstau der obigen Überlastungs-Gefühle. Sie fühlt sich überlastet mit dem Kind und hätte am liebsten ihre Ruhe (-5).

Da sich das für eine Mutter/Vater nicht gehört, hält sie das Gefühl zurück und staut es auf.

Dieser Aufstau führt schließlich zu einer Form der Explosion. In dem Moment, wo das Kind die Mutter anspricht, plötzlich, für das Kind unvorhersehbar, stößt sie das Kind von sich weg mit dem Gedanken: ′Lass mich jetzt endlich in Ruhe!′ (Schädigung Triebziel -5 des Kindes).

Dieser Schock der plötzlichen Zurückweisung wird häufig vom Kind verdrängt.

In der Realität vorkommende Dinge, die einen plötzlich erschrecken können, können nun den verdrängten Platz einnehmen. Zum Beispiel ein Gewitter mit plötzlichem Donner oder andere Dinge, die plötzlich und unvorhergesehen eintreten, können die diffuse Angst auf sich ziehen.

Ein Kind, das von der Bezugsperson auf diese Weise geschockt wurde, wird sicherlich später bei der Inanspruchnahme von Aufmerksamkeit sehr schüchtern und zurückhaltend werden (-5). Da das in Verbindung mit einer wichtigen Bezugsperson relevant war, bezieht sich diese Hemmung auf näherstehende Mitmenschen.

14 Was kann man tun?

Was kann man nun mit dem bisher Ausgeführten praktisch anfangen?

Durch die Probleme, die man in der Kindheit mitbekommen hat, kann man sein Leben lang mehr oder weniger unglücklich werden.

Das zeigt sich bei entsprechenden Problemen mit dem Partner oder anderen nahestehenden Menschen, auf die man seine Kindheits-Problemstellung sehr leicht übertragen kann.

Im Konflikt finden sich aus der Kindheit vorgegebene Verhaltensweisen, insbesondere Kampfmittel wieder.

Wenn man auch verdrängte Dinge nicht allein durch Nachdenken wieder bewusst machen kann, so gibt es doch einiges was man tun kann.

Zunächst gibt es die Möglichkeit, dass man eine geschilderte Problemstellung nur in geringer Form hat, sodass sie nicht verdrängt ist.

In diesem Fall hat man direkten Zugriff auf seine Problemstellung.

Zum anderen ist ja auch bei Extremstellungen mit Verdrängung nicht alles verdrängt.

Bei einer übersteigerten autonomen Extremstellung weiß der Betreffende eigentlich, dass er etwas auf extreme Weise betreibt. Ich stelle daher die Frage:

1. Ziehst du dich von Jemandem zurück, wenn du dich von ihm verletzt fühlst?
2. Verstehst du es gut, dich durchzusetzen und wirst dafür schnell rabiat, wenn der Andere nicht will?
3. Schüchterst du im Streit den Anderen aggressiv ein?
4. Kritisierst du Leistungen Anderer, wenn du denkst, du kannst das besser?
5. Ignorierst du andere oder wehrst sie auf andere Art ab, wenn diese (zu) viel Aufmerksamkeit haben wollen?

(Die Nummerierung entspricht wieder den fünf Basistrieben.)

Wenn dich von diesen übersteigerten Verhaltensweisen eines betrifft, dann möchte ich fragen:

Ist es dir klar, dass es sich hierbei um zwischenmenschliche Kampfhandlungen handelt? Das sind Verhaltensweisen, die auch negative Rückwirkungen auf dich haben!

Ich rate dir zu offenen Gesprächen mit demjenigen, mit dem du auf diese kämpferische Weise Kontakt hast.

Frage ihn, wie das für ihn ist, wenn du ihn auf diese Weise bekämpfst. Das ist ein guter Einstieg um zu einem offenen Gespräch zu kommen.

Als zweites könntest du erklären, warum du kämpferisch vorgehst. Vielleicht wird dir dann auch etwas für dich selbst klar.

Ein wichtiges Prinzip ist dabei, dem Anderen keine Vorwürfe zu machen, sondern zu sagen, wie man sich fühlt.

Nicht das Verhalten des Anderen zerlegen, sondern jeder sollte von sich und seinen Gefühlen sprechen.

Ein heteronom eingestellter Extremer weiß meistens, dass er sich ein autonomes, kämpferisches Auftreten nicht traut, zum Beispiel:

1. Bist du sehr Nähe-bedürftig und fühlst dich oft allein, obwohl du einen Partner hast - und schaffst es nicht auf ihn zuzugehen?
2. Steckst du lieber zurück, wenn es darum geht sich durchzusetzen?
3. Neigst du dazu, des lieben Friedens willen, etwas nicht anzusprechen, wenn dich etwas ärgert und behältst du deine unfreundlichen Gedanken dann für dich?
4. Hältst du deine Meinung oft zurück, weil du denkst, dass du nicht mithalten kannst?
5. Hast du eine Scheu davor, in den Mittelpunkt zu treten und Aufmerksamkeit in Anspruch zu nehmen?

Wenn du lieber Leser dich bei einem heteronomen Extremverhalten wieder findest, dann kannst du ein Bedürfnis nicht genügend ausleben, nicht genug selbstverwirklichen. Es gibt hier zwei Möglichkeiten:

Entweder du weißt, dass du dich nicht traust oder du machst die Anderen dafür verantwortlich. Das würde heißen, du kannst nichts machen, es liegt an den Anderen.

Ich hoffe, dass du nicht diese Einstellung hast, dann würdest du dein Leben nicht verändern können.

Wenn du weißt, dass du von etwas im Leben nicht genug bekommst und dass es damit zu tun hat, dass du dich nicht traust, dann möchte ich dir Mut machen das anzugehen.

Eine Möglichkeit wäre mit deinem Partner darüber zu sprechen. Dabei müsstest du dich aber eines jeden Vorwurfs enthalten und nur davon sprechen wie du dich fühlst

Eine andere Möglichkeit wäre, das mit einer Freundin oder einem Freund zu besprechen und dich darauf zu konzentrieren dein Problem möglichst genau zu erklären.

Wenn dann klar wird, dass dich das Problem sehr belastet, solltest du dir einen Psychologen/Psychologin suchen.

Aus einer meiner eigenen Erfahrungen kann ich schildern wie ein positiver Ablauf sein kann.

Zunächst hatte ich festgestellt, dass ich mich häufig über meine Partnerin geärgert habe. Ich fühlte mich häufig dominiert und dadurch eingeengt und sammelte Ärger an.

Gleichzeitig hatte ich, wie schon vorstehend geschildert das Gefühl nicht geliebt zu werden (Problem mit meiner Mutter).

Mein Ärger staute sich auf, bis zu Hass-Gefühlen, unterstützt von ablehnenden Gefühlen, die nach Trennung verlangten.

Dann bin ich zunächst zurückgeschreckt. Ich dachte:

′Ich will mich doch nicht trennen, was soll das denn jetzt werden?′

Ich konnte mir nicht vorstellen, dass wir zusammenbleiben würden, nachdem ich diese Gefühle losgelassen habe.

Ich war aber inzwischen durch meine Therapie so weit, dass ich so starke Gefühle nicht mehr zurückhalten konnte.

Nachdem mein Ärger, einschließlich ′ich hasse dich deswegen′ heraus war, kamen ähnliche Aggressionen von meinem Partner.

Nachdem wir beide unseren Ärger losgeworden waren, passierte erstaunliches:

Mein Wunsch mich zu trennen, war weg!

Nachdem meine Aggressionen mit allen Gefühlen heraus waren, waren sie verraucht – weg.

Meiner Partnerin ging es ähnlich. Die Versöhnung anschließend war wunderbar. Frei von den ausgelebten Gefühlen, konnte ich neu wieder gute Gefühle für meine Partnerin bekommen. Wir kamen uns wieder nah, wie lange nicht mehr.

Ein solches dramatisches Geschehen hat gleich mehrere Vorteile:

Ich muss nicht mit zurückgehaltenen Ärger-Gefühlen, die mich tagelang begleitet haben und meine Stimmung verdorben haben, weiterleben.

Nachdem ich einmal solche Gefühle ausgelebt hatte, fiel es mir das nächste Mal schon viel leichter und da dann nicht so lange angestaut, waren sie auch nicht mehr so heftig.

Ein wichtiger Effekt ist, dass der Partner hohen Druck bekommt etwas zu ändern. Einmal sind solche Aggressionen zu erleben, aufrüttelnd. Zum anderen weiß er damit auch, dass er mit dem Feuer spielt, wenn er nicht auch etwas tut.

Wenn ihm etwas an der Partnerschaft liegt, dann bemüht er sich auch.

Und schließlich und für mich am Wichtigsten ist die größere Nähe, die dann bei uns eingetreten ist.

Nahekommen ist nur möglich, wenn man seine Gefühle für den Anderen nicht zurückhält. Wenn ich ablehnende Gefühle nicht zeige, dann muss ich etwas (für den Anderen Wichtiges) vor dem Anderen verschließen.

Das ist wie eine Wand, die zwischen uns steht und echte Nähe unmöglich macht. Diese Wand einzureißen ist mir den Aufwand allemal wert.

15 Die Bedeutung von Romanen und Filmen

Das Vorstellen von Handlungen und Situationen reicht aus, die zu dem jeweiligen Trieb-Status dazugehörigen Gefühle zu verspüren. Deshalb kann das Lesen eines Buches, genauso wie das Ansehen eines Films diverse Gefühle mobilisieren, die jeweils vom Handlungsablauf abhängig sind.

Der Basistrieb 5, bezüglich der Kontaktfreude des Menschen und seiner Neugier, ist der Grund dafür, warum wir eine ganze Industrie haben, die eigentlich nichts anderes tut, als logisch gesehen, sinnlose Informationen zu produzieren.

Es handelt sich um die Filmindustrie. Ausgedachte Geschichten, die zahllose Triebbefriedigungs-Zustände, genauso wie Unbefriedigungs-Zustände darstellen, werden von den Menschen verschlungen.

Es war früher ein Überlebensvorteil andere Menschen, bei riskanten Unternehmungen ihre Erfolgsaussichten zu beobachten, um sich auch eine Meinung dazu zu bilden, wie gefährlich es für einen selbst wäre, so etwas zu tun.

Anders ausgedrückt, wenn die Hauptperson im Film etwas Riskantes tut, dann ist es für den Zuschauer ungefährlich. Auf diese Weise konnte jeder früher einmal durch Beobachten anderer Menschen, wichtige Dinge lernen.

Zum Beispiel zu beobachten was passiert, wenn man fremd geht, wird man dann vom Partner verstoßen oder nicht?

Was passiert, wenn man sich gegen die Obrigkeit auflehnt?

Was passiert, wenn man ein Verbrechen begeht? Wird man erwischt oder nicht?

Gerade deshalb besteht bei jeder Problemstellung das besondere Interesse der Menschen darin: Wie geht das aus?

Die heutigen Filme sind jedoch ausgedacht, die echte Aussagekraft ist zweifelhaft. Trotzdem verbleibt das Interesse beim Menschen, sich für Andere und deren Lebensumstände zu interessieren.

Je heikler die Situation, umso mehr Gefühle entstanden sind, umso interessanter der Film.

Auch Casting-Serien, wo die Gefühle der Teilnehmer blank liegen, werden in Großaufnahme gezeigt. Hier sieht man endlich Gefühle, die im täglichen Leben selten offen gezeigt werden.

Im Kontrast dazu steht, wie wenig sich die Menschen oft mit ihrer realen Situation und Gefühlen beschäftigen, bzw. beschäftigen wollen.

Es gibt aber einen Hunger danach, auf das echte pure Gefühl zu kommen.

Echte Liebe und (besser als nichts) echter Hass, sowie Begehren, Sex, Anerkennung, Glück zu erleben, das wünscht sich doch jeder Mensch.

Beim Beobachten im Film, erlebt man es nur aus zweiter Hand. Eigentlich wünscht sich das doch jeder Mensch für sich in der Realität.

Das könnte eigentlich klappen, die heftigen puren Gefühle zu haben, man muss sich doch nur

- trauen!

Teil II

1 Die Psychologie der Kombinationen

Nach unserer Forschung in der Psycholinguistik [6] bestehen (triebbedingte) Aktivitäten häufig aus Kombinationen von Basistrieben. Die fünf Basistriebe sind ′kombinierbar′.

D. h. jeder der fünf Basistriebe kann mit jedem kombiniert werden. Präziser ausgedrückt: jeder der fünf Basis-Triebmittel kann mit jedem Triebziel kombiniert werden. Und diese Kombination von Trieben dient der Erreichung eines Triebziels.

Für eine Aktivität, die eine solche Kombination von Trieben ist, haben wir in der Sprache (in allen Sprachen) oft einzelne Worte. D. h. dem einzelnen Wort (ebenso wie einer Kurzbeschreibung eines Verhaltens) ist nicht ohne weiteres anzusehen, dass es aus zwei Trieben besteht.

Bei diesen Worten handelt es sich um Verben (oder substantivierte Verben), die eine Aktivität, eine Handlung beschreiben. Nach dieser neuen Forschung gibt es Tausende von Aktivitäten beschreibende Verben, die Kombinationen von Basistrieben enthalten.

Da also Aktivitäten häufig Kombinationen von Basistrieben sind, können die beteiligten Triebe für die Diagnose menschlicher Verhaltensweisen herangezogen werden. Die Basis bildet zunächst, nicht kombinierte Aktivitäten.

Die nicht kombinierten, also elementaren Triebmittel sind:

Vertrauen Triebmittel 1 für Triebziel 1 Nähe und Liebe.
Steuern Triebmittel 2 für Triebziel 2 Machtausübung.
Anstreben Triebmittel 3 für Triebziel 3 Zielerreichung.
Helfen Triebmittel 4 für Triebziel 4 Anerkennung.
*Kontakt*ieren Triebmittel 5 für Triebziel 5 soz. Vernetzung.

2 Die Kombination der Triebmittel

In der nachfolgenden Tabelle ist zu ersehen, inwiefern die fünf Triebmittel mit jedem Triebziel kombiniert werden können:

Aktivität	ist	Triebmittel	für	Triebziel
Seinen Zuneigungs-gefühlen hingeben ist		1 *Vertrauen*		
Heiraten ist		2 Steuern		
Jmd. nahekommen ist		3 Anstreben	für	1 Nähe und Liebe
Heiratsantrag annehmen ist		4 Helfen		
Daten, sich bekannt machen		5 Kontakt		
Respekt erwarten ist		1 Vertrauen		
Anweisen ist		2 *Steuern*		
Gefügig machen ist		3 Anstreben	für	2 Machtausübung
Gehorchen* ist		4 Helfen		
Mit Autorität auftreten ist		5 Kontakt		
Sich jemand hingeben ist		1 Vertrauen		
Sexuelle Inanspruchnahme ist		2 Steuern		
Jmd. erobern ist		3 *Anstreben*	für	3 sexuelles/ rivalitäres Ziel
Sexuell unterstützen ist		4 Helfen		
Necken, Locken ist		5 Kontakt		
Lern-Zuversicht ist		1 Vertrauen		
Wiederholen, Üben ist		2 Steuern		
Studieren, Lernen ist		3 Anstreben	für	4 Anerkennung
Lehren ist		4 *Helfen*		
Kontakt zu Lehrern ist		5 Kontakt		
Sich zeigen, sich öffnen ist		1 Vertrauen		
Signale abgeben		2 Steuern		
Auf jmd. zugehen ist		3 Anstreben	für	5 soziale Vernetzung
Aufmerksamkeit ist		4 Helfen		
Suche nach Beachtung ist		5 *Kontakt*		

*Gehorchen ist Hilfe für die Machtausübung des Anderen.
(Basistrieb 4 ist immer der Wunsch, Anderen zu helfen, bzw. ihnen entgegenzukommen.)

Sich seinen ***Zuneigungsgefühlen zu jemand hinzugeben*** bedeutet Vertrauen zu haben. *'Vertrauen'* ist das Kern-Triebmittel für *Nähe und Liebe* (+1) und nicht kombiniert mit einem zweiten Trieb.

Bei *'Steuern'* handelt es sich um das Kern-Triebmittel der *Machtausübung*. Mit der ***Heirat*** erwirbt man einen Rechtsanspruch am Partner, der nicht so schnell aufzulösen ist. Gesellschaftlich und moralisch verpönt ist es eine Liebesaffäre mit einem Verheirateten anzufangen.

Es existiert gewissermaßen ein Besitzanspruch auf den Partner. Nicht umsonst sagt man: 'mein Mann' oder 'meine Frau'. Heiraten bedeutet daher eine Kombination der Basistriebe 2 und 1. *Steuern* bedeutet in diesem Fall den Partner in seinen Machtbereich hinein zu steuern. (Dies gilt für beide.) Dieses ist hier mit dem Triebziel Nähe und Liebe (2 + 1) kombiniert.

Jemand nahekommen, jemand umwerben, sich um eine Partnerschaft mit jemand zu bemühen, ist das Anstreben einer Partnerschaft. Das *'Anstreben'* eines Zieles ist Kern Triebmittel der Zielerreichung (*für ein sexuelles/rivalitäres Ziel*). Dieses ist hier mit dem Triebziel Nähe und Liebe (3 + 1) kombiniert.

Einen ***Heiratsantrag annehmen*** ist ein *'Helfen'* für den Heiratswunsch des Anderen. Es ist das Kern-Triebmittel für *Anerkennung*. Vor etwa 100 Jahren war es durchaus noch üblich, dass eine Frau zu einer Heirat gedrängt wurde. Es war dann eine soziale Leistung von ihr, einer Heirat zuzustimmen für die sie Anerkennung bekommen konnte (4 +1).

Daten, sich bekannt machen, also neu 'Kontakt' zu jemand aufzunehmen, der als möglicher Partner infrage kommt, ist ein *Kontakt*ieren (5 +1). Es ist das Kern-Triebmittel der *sozialen Vernetzung*.

Für jedes der fünf Triebziele sind also alle fünf Triebmittel anwendbar. Eines ist das *Kern-Triebmittel* und die anderen sind Neben-Triebmittel.

Da diese wiederum sich auf alle übrigen Triebziele beziehen, ergeben sich insgesamt:

5 × 5 = 25 Aktivitäten, die Trieb Kombinationen sind.

(Jeweils eines der fünf Triebmittel bezieht sich nur auf den eigenen Kern und ist eigentlich keine Kombination.)

Für diese Zahl wurden die Basistriebe zweimal mit sich selbst multipliziert. In unserer Arbeit über die Psycholinguistik [6] ist der Standard viermal, zur Definition einer Aktivität. D. h., dass die wirkliche Anzahl der möglichen Aktivitäten noch sehr viel höher ist.

Von Bedeutung ist hier, dass neben den in der obigen Tabelle der Kombinationen aufgeführten 25 Aktivitäten noch sehr viel mehr existieren, die alle jeweils nur einem der fünf Triebziele dienen.

Psychologisch gesehen haben diese Trieb-Kombinationen eine Bedeutung.

Zum Beispiel kann ein ungehemmtes Neben-Triebmittel kompensativ dazu verwendet werden, den Mangel eines gestörten Kern-Triebmittels auszugleichen.

Auf diese Weise kommt es dann zu einer Problemstellung mit Hemmung und Kompensation. Weil es Schwierigkeiten gibt ein Triebziel direkt mit dem wichtigen Kern-Triebmittel zu erreichen, wird ein anderes Neben-Triebmittel übersteigert verwendet um das Triebziel noch durch einen ′Nebenweg′ zu erreichen.

Diese Nebenwege (die anderen Triebmittel, die nicht das Kern-Triebmittel sind) sind, wie in der obigen Tabelle zu sehen, auch wichtig für das bessere Erreichen eines Triebziels, jedoch das Kern-Triebmittel ist das Entscheidende für die Zielerreichung.

Das Triebziel wird also schlechter erreicht. Dadurch entsteht ein höherer Triebdruck und ein kompensativ eingesetztes (Neben-) Triebmittel wird stärker eingesetzt (Überkompensation).

In einer solchen Problemstellung steht also ein überkompensatives Neben-Triebmittel einem unbefriedigten (gestörten) Triebziel gegenüber. Diese können anhand der Nummerierung der Triebmittel und der Triebziele in Kurzform dargestellt werden.

Zum Beispiel +3 >1

bedeutet überkompensatives Triebmittel 3 (Anstreben - für 1 nahekommen) bei unbefriedigt gebliebenen Triebziel 1 (Nähe und Liebe). Das Kern-Triebmittel 1 (Vertrauen) ist gestört.

In der Therapie kommt es darauf an die Kern-Triebmittel verwendbar und die Überkompensationen damit überflüssig zu machen.

Zum Beispiel >5

bedeutet unbefriedigt gebliebenes Triebziel 5. Das Kern-Triebmittel 5 (Suche nach Beachtung) ist gestört.

Ist die eigene Beachtungssuche gestört, so kann mit Einführung einer Aufmerksamkeitsregel für den/die Anderen (Variante für Machtausübung) der Kontakt mit Hilfe des/der Anderen hergestellt werden.

Diese Regel besagt: ′Achte ständig auf mich, ob ich Kontakt brauche, damit ich nicht auf Beachtungssuche gehen muss, um Kontakt zu bekommen!′

Mit Einführung dieser Regel (mit gefügig machen in Bezug auf diese Regel), kann das dauerhaft etabliert werden.

Mit Hilfe dieser Regel muss der Betreffende nicht erst mühsam auf Beachtungssuche gehen.

Diese Aufmerksamkeitsregel für Andere kommt nun dem eigenen Wunsch nach Beachtung sehr entgegen. In diesem Fall ist der Code für die Kurzform:

+3 >2 Triebziel >5.

+3 >2 bedeutet gefügig machen (siehe Tabelle unter Triebziel Machtausübung). Das ist bereits eine Zweier-Kombination. Hinzu kommt nun das Haupttriebziel 5 soziale Vernetzung. Die Bereitschaft zur sozialen Kontaktaufnahme mit ständiger Aufmerksamkeit ist eine Form der (intensiven) sozialen Vernetzung.

Wer in der Kindheit also nicht genug Aufmerksamkeit und Zuwendung bekommen hat und wegen des erfolglosen Einsatzes der Suche nach Beachtung darin gestört ist, kann mit der (Über)kompensation, der regelhaften Erzwingung von Beachtung, einen Ausgleich finden. (Siehe Kapitel 13.9 Aufmerksamkeitsheischend.)

Mit der Etablierung einer solchen Regel, kann man seine Kinder und eventuell auch seinen (Ehe-)Partner darauf trainieren sein eigenes Manko auszugleichen.

Es können generell bei Kombinationen mehrere Triebmittel und auch mehrere Triebziele in solcher Weise betroffen sein.

Bei den nachstehenden Beispielen ist mit

\+ immer ein überkompensatives Triebmittel und mit
> ein gestörtes Triebziel gemeint, für welches das überkompensative Triebmittel eingesetzt wird:

+2 >1: Partner an sich binden.
+3 >1: Partner bedrängen für Nähe.
+3 >2: Dominant.
+3 >2 > 5: Mit Dominanz Aufmerksamkeitsheischend.
+5 >3: Promiskuitiv.
+5 >3 >5: Mit sexuellem Anreiz zur Beachtung.
+4 >2 >1: Mit sich unterwerfen zur Nähe.
+4 >5: Aufmerksam für sozialen Kontakt.
+4 >5 >1: Mit Aufmerksamkeit zur Nähe.
(Weitere Kombinationen im Anhang.)

Die Bedeutung der Zahlen kann in der Tabelle ′die Kombinationen der Triebmittel′ (Seite 87) nachgeschlagen werden.

Rein rechnerisch ergeben sich mit der Kombination von drei verschiedenen Basistrieben 25 × 5 = 125 Neurosenvarianten.

In der Praxis werden sicherlich bestimmte Varianten häufiger und andere gar nicht vorkommen. (Im Anhang sieht man Kombinationen, die nicht vorkommen können.)

Es verbleibt jedoch eine Vielzahl von Variationen, die besser erkannt werden können, wenn einem die fünf Basistriebe mit ihrer Kombinierbarkeit geläufig sind.

Die große Gefahr für einen Therapeuten liegt darin, dass er seine eigene Problemstellung auf den Patienten projiziert. Das Problem ist, dass jeder Mensch mit allen fünf Basistrieben zu tun hat. Der Therapeut kann nun einen Basistrieb, der ihm besonders geläufig ist, selektiv beim Patienten beachten.

Hat der Patient Probleme mit mehreren Basistrieben, es kommen ja häufig mehrere in Kombination zum Zuge, so besteht die Gefahr, dass der Therapeut die ihm geläufige eigenen Problemstellung heraus selektiert und eventuell auch die wichtige Frage: was ist Kompensation und was ist gestörter Kern bei den komplexen Kombinationen falsch interpretiert.

Abgesehen von einer erfolgreichen Lehranalyse ist es daher wichtig, die Funktionalität der Verknüpfung von Triebmitteln und Triebzielen der Basistriebe zu kennen und zu erkennen.

3 Die diversen Lebensbereiche

Bisher sprachen wir nur über Basistriebe im zwischenmenschlichen Bereich. Es gibt jedoch viele Lebensbereiche.

Es gibt einen der körperlichen Funktionen, des psychologischen Zustands, der Gefühle, der medizinischen Dienste, der staatlichen Autorität, der Infrastruktur, der finanziellen Angelegenheiten, der Moral, der Politik, der aggressiven/militärischen Konfrontation, der Freizeitaktivitäten, der Spiele, des Sports, usw.

In jedem dieser Lebensbereiche finden sich die fünf Basistriebe wieder. In mehr oder weniger veränderter Form sind die Basistriebe dem jeweiligen Lebensbereich angepasst und haben dieselbe Funktion, wie im zwischenmenschlichen Bereich:

Den Menschen dazu zu bringen, für sein Überleben wichtiges zu tun.

Der Basistrieb Nummer 3 hat ganz generell die Aufgabe ein Ziel zu erreichen.

Im zwischenmenschlichen Bereich: ein sexuelles Ziel.

Im materiellen Bereich: einen Zielort erreichen.

Im militärischen Bereich: ein militärisches Ziel erreichen.

Im Sport und Spiel: zu gewinnen.

Nach unserer neuesten Forschung [6], gibt es mindestens 100 verschiedene Lebensbereiche und man kann in jedem dieser Bereiche ein Ziel erreichen, dass je nach Bereich unterschiedlich aussieht, aber alle unterliegen dabei dem Basistrieb Nummer 3. Genauso kommen die anderen Basistriebe in den Bereichen vor.

Der wichtigste Lebensbereich ist generell der materielle. Der materielle Lebensbereich umfasst im Prinzip alles was man sich für Geld kaufen kann.

Obwohl das Materielle in intellektuellen Kreisen einen schlechten Leumund hat, handelt es sich jedoch schlicht um die wichtigsten Dinge, die man zum Leben und Überleben braucht.

Das sind vor allem:

Lebensmittel (wir würden sonst verhungern),

Besitztum (auch gemietet), wie zum Beispiel Haus, Wohnung oder Campingwagen (ungeschützt im Freien zu leben würden wir im Winter nicht lange überleben).

Dinge, die der Mobilität dienen (Einkaufsgeschäfte, Arbeitsstelle, Krankenhaus etc. erreichen zu können, kann lebenswichtig sein),

Dinge, die der Leistung/Beruf dienen (ohne Beruf oder Versorgungsstellen des Sozialstaats hätten wir kein Geld und könnten nichts kaufen). In Ländern, die kein Sozialstaat sind, wo mittellose Menschen nicht unterstützt werden, ist auch das schnöde Geld überlebenswichtig. (Ganz allgemein finden nur Menschen, die genug Geld haben, Geld nicht so wichtig.)

Dinge die dem Informieren dienen (im entscheidenden Moment und im Notfall kann die richtige Information lebenswichtig sein).

4 Die materiellen Triebbedürfnisse

Bei Triebbedürfnissen geht es darum, die Menschen dazu zu bringen, das zu tun, was für das Überleben von Vorteil ist. Da dies bei einem sozialen Wesen wie dem Menschen immer auch mit dem zwischenmenschlichen Bereich verknüpft ist, besteht eine Verbindung zwischen der materiellen und dem zwischenmenschlichen Lebensbereich.

Zu jedem zwischenmenschlichen (interpersonellen) Triebbedürfnis gehört jeweils ein materielles.

Zu Trieb 1: Nähe und Liebe	- bekommen,
zu Trieb 2: Macht	- verfügen,
zu Trieb 3: Sexualpartner gewinnen	- Ziel erreichen,
zu Trieb 4: Anerkennung	- Geld verdienen,
zu Trieb 5: Kontakte	- informieren.

In der oralen Phase wird der Säugling nicht von Nähe und Liebe allein gestillt. Es braucht etwas Materielles: Milch, bzw. Lebensmittel.

Dieses *`bekommen`* von Dingen führt zu der entscheidenden materiellen Triebbefriedigung.

Macht über Menschen, berührt die zwischenmenschliche Triebbefriedigung, über Gegenstände zu *verfügen* bezieht sich auf materielle Dinge.

Das Ziel, einen Sexualpartner zu gewinnen, ist der zwischenmenschliche Bereich, daneben gibt es im materiellen Bereich das Erreichen vieler anderer Ziele, auch *das Erreichen eines Zieles* beim (Auto- oder Bahn-) fahren.

Eine Gefälligkeit auszuführen für ein kleines Lob, gehört zum zwischenmenschlichen Bereich, das Arbeiten um *Geld* zu *verdienen* zum materiellen.

In früheren Zeiten, als es noch kein Internet, Fernsehen, Telefon, Bücher gab, wurden Information nur über menschliche Kontakte weitergegeben. Im zwischenmenschlichen Bereich dreht es sich also um Kontakte zu anderen Menschen.

Im materiellen Bereich nur um das *Informieren*, Informationen, die man sich zum Beispiel auch ohne menschlichen Kontakt über das Internet verschaffen kann. Angetrieben wird das Interesse für Informationen durch die menschliche Neugier, weil durch Neugier erhaltene Informationen einen Überlebensvorteil gegeben haben.

Im materiellen Lebensbereich spielen also materielle Dinge eine Rolle:

1. Dinge die man bekommen kann,
2. Dinge die man besitzen kann,
3. Orte, die man erreichen kann,
4. Geld, was man verdienen kann und
5. Informationen, die man bekommen kann,

Als Erwachsener kann man *bekommen*:

1. Lebensmittel
2. Besitz-Objekte wie Haus oder Wohnung
3. Mobilitätshilfen wie Auto oder Fahrrad
4. Arbeitsausstattung wie Maschinen oder Handwerkszeug
5. Informationsgeräte wie Computer oder Fernsehapparat.

Die Nummerierung entspricht wieder den 5 Basistrieben.

Die Ernährung entspricht Basistrieb Nummer 1.

Haus oder Wohnung gehört zum Basistrieb Nummer 2, weil hier der Besitzer am meisten verfügen und seine Macht ausleben kann.

Ein Auto gehört zum Basistrieb Nummer 3, weil man hiermit besonders einfach (örtliche) Ziele erreichen kann.

Die Arbeitsausstattung gehört zum Basistrieb Nummer 4, weil man hiermit besonders gut (Arbeits-)Leistungen vollbringen kann und Geld verdient.

Ein am Internet angeschlossener Computer gehört zu Basistrieb Nummer 5, weil man hiermit Informationen einholen kann.

Jedes dieser fünf Objekte kann wieder mit den fünf Basistrieben verwendet werden. Jedes davon kann man:

1. bekommen,
2. darüber verfügen,
3. es als Ziel anstreben,
4. damit Geld verdienen,
5. oder darüber Informationen einholen.

Die fünf Basistriebe können also miteinander multipliziert (kombiniert) werden.

Es können sogar innerhalb einer einzelnen Aktivität Basistriebe miteinander kombiniert sein.

Ein Beispiel für eine Kombination von Trieben innerhalb einer Aktivität:

Die Kombination von *navigieren*:

Man stelle sich vor, dass jemand eine Landkarte zurate zieht, um mit dem Auto den richtigen Weg zu einem Ziel hin zu finden.

Diese Handlung besteht aus drei Basistrieben, die miteinander kombiniert sind

1. Anstreben (Basistrieb 3)
2. Informieren (Basistrieb 5)
3. Ziel erreichen (Basistrieb 3)

Also: Das Anstreben (3) Informationen (5) zu erlangen, die für das Erreichen eines Ziels (3) gebraucht werden.

Wenn man Basistriebe innerhalb einer Aktivität viermal immer wieder unterschiedlich miteinander kombiniert [7], so ergeben sich zum Beispiel

$5 \times 5 \times 5 \times 5 = 625$ Variationen.

Die fünf Basistriebe gibt es in vielen Variationen in den etwa 100 verschiedenen Lebensbereichen, dadurch ergeben sich mit Kombination, die es in jedem Lebensbereich gibt, viele tausend Variationen.

Zusammenfassend: Die Verhaltensweisen des Menschen setzen sich aus Basistrieben zusammen, die in vielen unterschiedlichen Kombinationen und in vielen Lebensbereichen eine große Anzahl von Verhaltensweisen ermöglichen.

Die psychologische Ausrichtung eines Menschen berührt damit nicht nur das Zusammenleben mit anderen Menschen, sondern auch das Verhalten in materiellen Dingen.

Zum Beispiel, die Hemmung des Basistriebs 2 kann dazu führen, dass der Betreffende keinen Wert auf ein eigenes Haus legt, dass er nicht das angenehme Gefühl, ′das gehört mir, hier kann ich bestimmen, wie alles sein soll′, verspüren kann.

5 Wie denkt der Mensch?

Die im vorigen Kapitel geschilderten Trieb-Objekte und Funktionen die sich auf die Basistriebe Nummer 1 bis 5 beziehen, werden von Menschen benutzt, um Handlungsketten auszuführen, oder auch nur zu durchdenken.

Zum Beispiel kann man sich mit dem Computer informieren (5), wo man am besten bekommen kann (1) ein Auto (3) das geeignet ist, damit zur Arbeitsstelle zu fahren (4).

Wenn wir den obigen Satz Schritt für Schritt durchgehen, werden wir feststellen, dass das genau die Art ist, wie Menschen denken.

In diesem Falle, brauche ich ein Auto, hauptsächlich für meine Fahrt zur Arbeit. In meinen Gedanken habe ich eine Vorstellung von meiner Arbeit, dass ich dort Leistungen vollbringe und dafür bezahlt werde (Basistrieb 4).

Das Ganze verbindet sich unter anderem mit dem Ort, wo ich arbeite, das Zielobjekt, wo ich hinkommen muss und wofür ich ein Auto benötige (Basistrieb 3).

Ich will es bekommen (Basistrieb 1), dafür brauche ich Auskunft auf die Frage wo?

Also eine Information, die ich aus dem Computer gewinnen kann (Basistrieb 5).

Das naheliegendste ist den einschlägigen Wissenschaftlern bisher entgangen, nämlich dass das Denken des Menschen aus den Trieb-Funktionen und Trieb-Objekten besteht.

Diese werden entweder bei der Handlung benutzt, wie etwa einkaufen, Anweisungen geben, laufen oder Auto fahren, arbeiten oder sich informieren durch Ansehen oder Zuhören.

Oder diese Handlung werden im Kopf vorgestellt. D. h. kurze bildhafte oder wortbezogene Repräsentation laufen durch die Gedanken.

Bei diesen Gedanken werden also die jeweiligen Trieb-Bedürfnisse berührt. Zu jedem dieser Triebbedürfnisse gibt es einen aktuellen Befriedigungszustand.

Wenn ich also ein altes Auto habe, was jederzeit kaputtgehen könnte, dann fühle ich mich - nicht gut.

Wenn ich daran denke, mir ein neues Auto zu kaufen, sind die Gefühle sofort - angenehmer.

Wenn ich bei den Informationen im Computer sehen muss, dass ein passendes Auto zu teuer ist, fühle ich mich sofort wieder - schlechter.

Wenn ich dagegen ein Auto finde, das meinen Wünschen entspricht und nicht zu teuer ist, dann fühle ich mich – gut.

In meinem Kopf gibt es also zwei Ebenen, die triebbezogenen Handlungsabläufe mit den triebbezogenen Objekten und auf der anderen Seite die begleitenden Gefühle. Diese Gefühle sind natürlich nicht beliebig, sondern beziehen sich darauf, wie dicht ich an eine 100-prozentige Triebbefriedigung herankomme.

Bei der Suche nach einem Partner:

Wenn ich einen sehr attraktiven möglichen Partner kennengelernt habe und mich mit ihm verabredet habe, dann fühle ich mich - sehr gut.

Wenn ich einen sehr attraktiven möglichen Partner kennengelernt habe und der will sich mit mir nicht verabreden, dann fühle ich mich – sehr schlecht.

Unsere ständigen Handlungen, jeden Tag, beziehen sich darauf, unsere Triebe zu befriedigen, oder zu mindestens darauf, eine Verschlechterung unseres Trieb-Status zu verhindern.

Es gibt also zwei Triebkräfte, das Streben, sich bei anstehenden Trieb-Bedürfnissen möglichst zu befriedigen und sich dann gut zu fühlen oder zu vermeiden sich schlecht zu fühlen, wenn der Trieb Status schlecht werden könnte.

Auch nach erschöpfender Tätigkeit bei der Arbeit oder im Haushalt, wo wir denken: ′Das macht keinen Spaß′, treiben uns begleitende Gefühle an, um eine Verschlechterung eines Trieb Status zu verhindern.

Zum Beispiel, wenn wir uns bei der Arbeit nicht anstrengen, droht die Entlassung oder zumindest ist es schädlich für eine erhoffte Beförderung. Auch wenn es uns nicht bewusst ist, weil wir nur die Anstrengung spüren, folgen wir bestimmten Triebbefriedigungen, auf die wir nicht verzichten wollen.

Nachfolgend einen Auszug aus unserer Arbeit über das menschliche Denken [7].

Mit dem Fokus auf das menschliche Gehirn gibt es einige wichtige Aussagen:

- Es ist undenkbar, dass die menschlichen Grundtriebe (die das Überleben des Menschen möglich gemacht haben und heute noch möglich machen) nicht im Gehirn repräsentiert werden. Die Grundtriebe müssen in unserem Gehirn enthalten sein.
- Der Mensch ist in der Lage, sich Handlungen vorzustellen, die der Erfüllung von Grundtrieben dienen. Diese Vorstellung des Prozesses ist ein Gedanke.
- Wir gehen davon aus, dass Gedanken durch lange Ketten von Triebmittel-Kombinationen organisiert sind, die durch ein Thema gebündelt werden.
- Ein Gedanke beginnt mit einem Impuls aus dem Inneren des Körpers oder einem Reiz von außen, der einen der Grundtriebe berührt.
- Eine Reaktion kann eine Aktivität sein, die darauf abzielt, ein Ziel zu erreichen/ein Bedürfnis zu befriedigen, oder zumindest ein Gedanke darüber.
- Der Inhalt des Gedankens besteht darin, der Kette der kombinierten Triebe zu folgen. Die Kombinationen geben den Inhalt des Gedankens.

Vermutlich wird im Gehirn der grundlegende Triebkontext in einem dreidimensionalen System weitergegeben.

Es ist plausibel, dass mit zunehmender Tiefe der Ebenen eine komplexe Mischung von Assistenztrieben, die für das angestrebte Ziel notwendig sind, in den menschlichen Aktivitätsprozess eingespeist werden.

Bei diesen Assistenztrieben handelt es sich um (oft bedingt erlernte) Verhaltensweisen, die sich in einem anderen Triebbereich entwickelt haben, aber sinnvoll und notwendig sind, um das aktuelle Ziel zu erreichen.

Unter einem Mikroskop ist die grundlegende Trieb-Verankerung der einzelnen Neuronen des Gehirns nicht zu erkennen. Man sieht nur das hochkomplexe Netz von Verzweigungen zwischen den Neuronen.

Im Gehirn, gibt es Billionen von Kombinations-Möglichkeiten durch diese Verzweigungen.

Jede fein differenzierte Handlung (und jedes Gespräch darüber) basiert auf einer komplexen Mischung von Grundtrieben, so dass man ihre Basis kaum sehen kann, weil sie so viele Ebenen hat, in immer neuen Mischungen.

Hinter jeder Handlung (oder auch nur einem Teil einer Handlung) stehen spezifisch differenzierte Aspekte menschlicher Triebe.

Lernen ist nicht das Lernen von irgendetwas, sondern das Lernen von Verhaltensweisen, die der Trieberfüllung dienen, unterstützt mit Mitteln der Mustererkennung [8] und des bedingten Lernens.

Sprache dient auch dazu, Triebe zu erfüllen. Entweder um Anerkennung für Sozialverhalten oder gute Leistungen (Trieb 4) zu bekommen oder für die anderen Triebe und ihre unterschiedlichen Variationen in 100 Lebensbereichen, die oft in Kooperation mit anderen Menschen durchgeführt werden. Und bei diesen Kooperationen kommt es auf die sprachliche Koordinierung an.

Die Basistriebe sind der „Geist in der Maschine“, um diesen alten Ausdruck zu verwenden, im menschlichen Gehirn.

Menschliche Emotionen spiegeln den Grad wider, in dem Triebe unter den aktuellen Bedingungen befriedigt sind, bzw. geben den Grad der Befriedigung wider, die zu einer bestimmten Triebbefriedigungs-Vorstellung gehört.

Triebe geben den Sinn des menschlichen Verhaltens.

Anhang

Die gegensätzlichen Positionen zu Triebmitteln

Die nachstehenden Tabellen zeigen mit + die möglichen aktiven und mit - die gehemmten Basistriebe. Die Nummern sind die der jeweiligen Basistriebe. Mat bedeutet materieller und Int bedeutet interpersoneller Bereich. Die Zahlen links und rechts zeigen die aktiven Basistriebe (+ 1… +5) und die gehemmten Basistriebe mit (-1… -5) an.

Die gehemmten autonomen Triebe (dargestellt auf der heteronomen Seite – nicht in fett) haben einen Vorteil für andere, weil sie von anderen (aus-)genutzt werden können. Die gehemmten heteronom (auf der autonomen Seite) haben den Vorteil für den Betreffenden sich nicht anzustrengen/Enttäuschung zu riskieren.

	Autonom			***Heteronom***		
+2	**durchsetzen (+2Mat)**	**con**	↔	nachgeben (-2Mat)	con	-2
	dominant (+2Int)	**con**	↔	unterwürfig (-2Int)	con	
+3	**aggressiv (+3Mat)**	**ecc**	↔	friedlich (-3Mat)	ecc	-3
	sexuell aktiv (+3Int)	**ecc**	↔	enthaltsam (-3Int)	ecc	

	Autonom			***Heteronom***		
+1	**nehmen (+1Mat)**	**ecc**	↔	nicht nehmen (-1Mat)	con	-1
	jmd. erobern (+1Int)	**ecc**	↔	jmd. gehen lassen (-1Int)	con	
-1	im Stich lassen (-1Mat)	ecc	↔	**kümmern (+1Mat)**	*ecc*	*+1*
	distanzieren (-1Int)	*ecc*	↔	**Nah bleiben (+1Int)**	*ecc*	

	Autonom			***Heteronom***		
+4	**geschäftstüchtig (+4Mat)**	**ecc**	↔	Handel ablehnend (-4Mat)	con	-4
	organisiert (+4Int)	**ecc**	↔	chaotisch (-4Int)	con	
-4	leistungsverweigernd (-4Mat)	ecc	↔	**leistungsfreudig (+4Mat)**	*ecc*	*+4*
	lernfaul (-4Int)	ecc	↔	**lernbegierig (+4Int)**	**ecc**	

	Autonom			***Heteronom***		
+5	**vortreten (+5Mat)**	**ecc**	↔	hinten bleiben (-1Mat)	con	-5
	Aufmerksamkeit in Anspruch nehmen (+5Int)	**ecc**	↔	in Ruhe lassen (-1Int)	con	
-5	desinteressiert (-5Mat)	ecc	↔	**neugierig (+5Mat)**	**ecc**	**+5**
	ignorieren (-5Int)	ecc	↔	**beachten (+5Int)**	**ecc**	

Die antinomischen Positionen von Triebmitteln

Im Unterschied zu den oben genannten Gegensätzen sind die folgenden ***kursiv und fett*** geschriebenen Gegensätze beides Triebziele für den Betroffenen. *Sie schließen sich jedoch gegenseitig aus.* Mit einschlägiger Neurose ist nur eins davon möglich.

Im Bereich aggressiv/sexuell aktiv muss man den Basistrieb 3 zurückstellen können (-3) um die heteronomen Basistriebe +5, +4, +1 ausleben zu können.

	Autonom			*Heteronom*		
+3	**aggressiv (+3Mat)**	**ecc**	←→	friedlich (-3Mat)	ecc	-3
	sexuell aktiv (+3Int)	**ecc**	←→	enthaltsam (-3Int)	ecc	
+3 -5	***aktiv werden (+3Mat)***	***ecc***	←→	***passiv abwarten (+5Mat)***	***con***	***+5 -3***
	ungeduldig anfangen (+3Int)	***ecc***	←→	***auf Reaktion warten (+5Int)***	***con***	
+3 -4	***konkurrierend (+3Mat)***	***ecc***	←→	***kooperativ (+4Mat)***	***ecc***	***+4 -3***
	rücksichtslos (+3Int)	***ecc***	←→	***rücksichtsvoll (+4Int)***	***ecc***	
+3 -1	***aktiv (+3Mat)***	***ecc***	←→	***passiv (+1Mat)***	***con***	***+1 -3***
	unabhängig (-3Int)	***ecc***	←→	***abhängig (+1Int)***	***con***	

Passiv abwarten/auf Reaktion warten ist eines der Triebmittel für das Triebziel 5 der sozialen Vernetzung. Auf die Reaktion eines anderen zu warten ist aufmerksam.

Dieses Triebziel kann nicht verfolgt werden, wenn man mit *aktiv werden/ungeduldig anfangen* (+3 -5) vorgehen will.

Kooperativ/rücksichtsvoll ist für das Triebziel 4 Anerkennung. Dieses Triebziel kann nicht verfolgt werden, wenn man *konkurrierend/rücksichtslos* (+3 - 4) vorgeht.

Passiv/abhängig ist für das Triebziel 1 Nähe und Liebe. Diese Triebziel kann nicht verfolgt werden, wenn man *aktiv/unabhängig* vorgeht.

Mit diesem Gegensatz 1 gegen 3 ist das treu bleiben einem Partner gegenüber gemeint, bzw. das unabhängige Verhalten mit dem Zugehen auf einen anderen möglichen Sexual-Partner.

Im Bereich durchsetzen/dominant ist es erforderlich den Basistrieb 2 zurückstellen können (-2), um die heteronomen Basistriebe +5, +1, +4 ausleben zu können.

	Autonom		*Heteronom*	
+2	**durchsetzen (+2Mat)**	**con** ⟷	nachgeben (-2Mat)	con -2
	dominant (+2Int)	**con** ⟷	unterwürfig (-2Int)	con
+2 -5	***für das Alte (+2Mat)***	*con* ⟷	***für das Neue (+5Mat)***	*ecc +5 -2*
	zurückhaltend (+2Int)	*con* ⟷	***spontan (+5Int)***	*ecc*
+2 -1	***kontrollieren (+2Mat)***	**con** ⟷	***geschehen lassen (+1Mat)***	*con +1 -2*
	selbstkontrolliert (+2Int)	**con** ⟷	***hingebungsvoll (+1Int)***	*con*
+2 -4	***geizig (+2Mat)***	*con* ⟷	***freigiebig (+4Mat)***	*ecc +4 -2*
	egoistisch (-2Int)	*con* ⟷	***berücksichtigend (+4Int)***	*ecc*

Für das Neue ist ein Triebmittel des Triebziels 5 (Inanspruchnahme neuer Möglichkeiten - siehe Kapitel 13.10), Dieses Triebziel kann nicht verfolgt werden, wenn man *nur für das Alte* ist.

Spontan ist ein Triebmittel des Triebziels 5 sozialer Kontakt.
Dieses Triebziel kann nicht verfolgt werden, wenn man *zurückhaltend* (+2 -5) sein will.

(Spontanes Verhalten in Bezug auf andere Menschen führt zu einem wesentlich intensiveren Kontakt zu den tatsächlichen Gefühlen des Betreffenden, das bei zurückhaltendem Verhalten nicht möglich ist.)

Geschehen lassen/hingebungsvoll ist ein Triebmittel des Triebziel 1 Nähe und Liebe. Dieses Triebziel kann nicht verfolgt werden, wenn man *kontrollieren/selbst kontrolliert* (+2 -1) vorgehen will.

Freigiebig/berücksichtigend ist ein Triebmittel des Triebziels 4 Anerkennung. Dieses Triebziel kann nicht verfolgt werden, wenn man *geizig/egoistisch* (+2 -4) vorgehen will.

con = concentric (konzentrisch): Im eigenen (Macht-)Bereich.
ecc = eccentric (exzentrisch): Im Außenbereich.

Kombinationen von Basistrieben

Liste von Kombinationen von Überkompensationen mit gestörten Basistrieben:

(Bei den nachstehenden Beispielen ist mit + immer ein überkompensatives Triebmittel und mit > ein gestörtes Triebziel gemeint.)

+2 >1: Partner an sich binden (depressiv).

+3 >1: Partner bedrängen für Nähe.

+5 >2: Mit Autoritätstitel zur Macht.

+3 >2: Dominant.

+3 >2 >5: Mit Dominanz Aufmerksamkeitsheischend.

+3 >2 >3: Mit Dominanz zur sexuellen Befriedigung.

+3 >2 >4: Mit Dominanz zum Lehren.

+3 >2 >1: Mit Dominanz zur Nähe.

+3: (Über-)Aggressiv.

+1 >3: Nah bleiben für Wirkung.

+5 >3: Promiskuitiv.

+5 >3 >5: Mit sexuellem Anreiz zur Beachtung.

+5 >3 >2: Mit sexuellem Anreiz zur Dominanz.

+5 >3 >1: Mit sexuellem Anreiz zur Nähe.

+4 >2: Sich unterwerfen.

+4 >2 >1: Mit sich unterwerfen zur Nähe (zwanghaft).

+4 >2 >5: Mit sich unterwerfen zur Zuwendung.

+4 >5: Aufmerksam für sozialen Kontakt.

+4 >5 >1: Mit Aufmerksamkeit zur Nähe.

+5 >4: Mit Lehrern zur Anerkennung.

Referenzen

[1] E. Erikson, "Childhood and Society"., W. W. Norton & Co, New York pp. 70, 76, 80-86, 253, 1950

[2] J. Juul, 5 Grundsteine für die Familie – „Wie Erziehung funktioniert", Kösel Verlag, Munchen, 2015

[3] H. Schultz-Hencke, „Lehrbuch der Analytischen Psychotherapie", Thieme Verlag, Stuttgart, pp. 24-25, 1951.

[4] C. R. Rogers, „Entwicklung der Persönlichkeit: Psychotherapie aus der Sicht eines Therapeuten". Klett-Cotta, Stuttgart 1973

[5] Jean Liedloff: „Auf der Suche nach dem verlorenen Glück", Verlag C. H. Beck, München, 2005

[6] P. H. Pfeifer, et. al "How to Teach a Robot Human Thinking", Kindle Direct Publishing 2021

[7] P. H. Pfeifer, et. al "Sense Machine: The Missing Link Between Thinking and Computational Linguistics with Insights from Psychoanalysis" Proceedings of Linguistics Colloquium - Web Conference 2020

[8] R. Kurzweil, "How to create a mind: the secret of human thought revealed", Viking, Penguin Group, USA, 2012

MIX
Papier | Fördert gute Waldnutzung
FSC® C083411

Zeitfracht Medien GmbH
Ferdinand-Jühlke-Straße 7
99095 Erfurt, Deutschland
produktsicherheit@kolibri360.de